Omega

비즈니스
중국어 이메일
완전정복

Omega 비즈니스 중국어 이메일 완전정복

저 자 권국일, 서지위
발행인 고본화
발 행 반석출판사
2018년 10월 5일 초판 1쇄 인쇄
2018년 10월 10일 초판 1쇄 발행
반석출판사 | www.bansok.co.kr
이메일 | bansok@bansok.co.kr
블로그 | blog.naver.com/bansokbooks

07547 서울시 강서구 양천로 583. B동 1007호
(서울시 강서구 염창동 240-21번지 우림블루나인 비즈니스센터 B동 1007호)
대표전화 02) 2093-3399 팩 스 02) 2093-3393
출 판 부 02) 2093-3395 영업부 02) 2093-3396
등록번호 제 315-2008-000033호

Copyright ⓒ 권국일, 서지위

ISBN 978-89-7172-876-5 (13720)

Omega

비즈니스
중국어 이메일
완전정복

반석출판사
Bansok

최근에는 중국사람들이 위챗 사용을 선호하여 이메일 사용이 많이 줄었습니다. 하지만 격식 있는 메일을 보내야 할 경우, 기업에서 증거자료로 서류철을 해야 할 경우, 하기 힘든 말을 순화하여 글로 적어야 할 경우, 좀 더 깊은 내용을 다루고 더 나가 상대방에게 감동을 주어야 할 경우, 문어체를 사용하여 이메일을 보내고 있습니다. 본 무역서신은 주로 한국기업에서 중국기업에 이메일을 보낼 때 사용하는 문장으로 구성되어 있습니다. 필드에서 실제 적용되는 문장이 많이 있으니 필요하실 때 응용하여 보내시기 바라며, 상대방으로 하여금 존중받는다는 느낌을 가지게 하면서 중요한 내용을 언급할 때 자주 사용하시기 바랍니다.

본서는 크게 한국회사들이 중국에 처음 진출할 때 사용되는 전시회 초대 메일, 전시회 후 감사 및 문의 메일, 계약서나 출장 관련 협의를 포함한 일반서신, 그리고 문제해결 요청 및 독촉 메일로 구성되어 있습니다.

늦게 중국어에 입문하거나 어릴 때부터 중국에서 살지 않아 문어체에 익숙하지 않으신 분들은 중국어 공부의 연장선상으로 이 책의 문어체 표현을 공부하시기 바랍니다. 실제 비즈니스에서 메일로 정중한 요청, 부탁을 하거나 기록을 남겨야 할 경우, 이 책이 많은 도움을 드릴 수 있다고 생각합니다.

본서에 사용된 메일은 한국어를 위주로 번역된 문장이 많습니다. 한국어를 기준으로 중문메일을 만들었기에 이메일의 특성상 중국에서 정식적으로 사용되는 서한의 형식과 차이가 있을 수도 있으며, 내용 또한 한국적 메일 내용과 중국적 메일 형식의 차이도 존재할 수 있습니다. 본인의 상황과 맞는 양식을 선택해 유용하게 사용하시기 바랍니다.

아무쪼록 한국분들이 중국인과의 관계에 있어, 문어체 형식으로 고급 표현을 사용하신다면 상대방과 더욱 순조롭게 소통할 수 있지 않을까 기대하면서 본서를 만들었습니다. 많은 도움이 되었으면 합니다.

목차

Part 05 클레임, 독촉

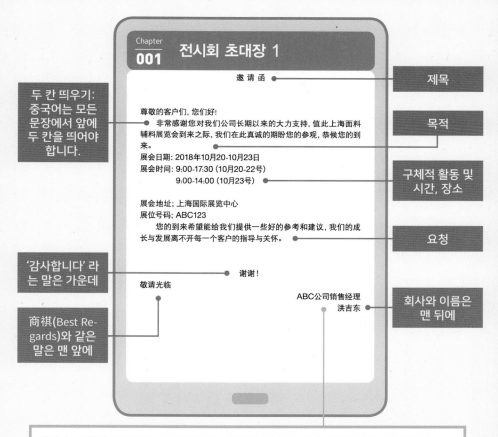

Chapter 001 전시회 초대장 1

邀请函

尊敬的客户们, 您们好!
　　非常感谢您对我们公司长期以来的大力支持, 值此上海面料辅料展览会到来之际, 我们在此真诚的期盼您的参观, 恭候您的到来。
展会日期: 2018年10月20-10月23日
展会时间: 9:00-17:30 (10月20-22号)
　　　　　9:00-14:00 (10月23号)

展会地址: 上海国际展览中心
展位号码: ABC123
　　　　您的到来希望能给我们提供一些好的参考和建议, 我们的成长与发展离不开每一个客户的指导与关怀。

谢谢!

敬请光临

ABC公司销售经理
洪吉东

두 칸 띄우기: 중국어는 모든 문장에서 앞에 두 칸을 띄어야 합니다.

'감사합니다' 라는 말은 가운데

商祺(Best Regards)와 같은 말은 맨 앞에

제목

목적

구체적 활동 및 시간, 장소

요청

회사와 이름은 맨 뒤에

대리라는 직책은 중국에서는 통용되지 않는 직책이므로 중국식으로 알맞게 고치시기 바랍니다.
* 대리(代理)는 agent의 의미, 즉 대리점, 대리판매의 대리
* 중국의 직급 체계
1. 普通员工 (经理助理): [pǔtōng yuángōng] (jīnglǐ zhùlǐ)
평사원, 직책이 없을 경우 그냥 빈칸으로 두시거나 판매담당(销售负责人)정도로 사용하시면 됩니다.
2. 主管: [zhǔguǎn] 대리 정도
3. 部门经理: [bùmén jīnglǐ] 과장이나 부장급
4. 总经理: [zǒngjīnglǐ] 사장님 혹은 월급 받는 사장님(CEO)
5. 董事长: [dǒngshìzhǎng] 그룹의 회장님 혹은 대주주 사장님

Part 01 전시회 초대

전시회 초대장 1

邀 请 函

尊敬的客户们, 您们好!

非常感谢您对我们公司长期以来的大力支持, 值此上海面料辅料展览会到来之际, 我们在此真诚的期盼您的参观, 恭候您的到来。

展会日期: 2018年10月20-10月23日

展会时间: 9:00-17:30 (10月20-22号)

9:00-14:00 (10月23号)

展会地址; 上海国际展览中心

展位号码; ABC123

您的到来希望能给我们提供一些好的参考和建议, 我们的成长与发展离不开每一个客户的指导与关怀。

谢谢!

敬请光临

ABC公司销售经理

洪吉东

초대장

　존경하는 고객 여러분, 안녕하세요.

　오랫동안 우리회사를 지원해주셔서 감사드립니다. 이번에 상해에서 원단 재료전시회가 곧 열릴 예정이니 많은 참관 바랍니다.

전시회 일자: 2018년 10월 20일~10월 23일

전시회 시간: 9:00~17:30 (10월 20-22일)

　　　　　　9:00~14:00 (10월 23일)

전시장 주소: 상해국제전람중심

전시 부스 위치: ABC123

　여기 오셔서 저희에게 고견을 주시면 감사하겠습니다. 저희의 성장은 고객 여러분들의 지도와 관심으로부터 나옵니다.

　감사합니다.

ABC사 대리

홍길동

 生词、生句

ㅣ. 对~长期以来的大力支持　오랫동안 지원해주신 것에 대해

2. 值此~之际　~즈음에

　　ex） 值此新春佳节到来之际

　　춘절 연휴에 (在这个新春佳节到来的时候)

3. 恭候 [gōnghòu]　삼가 기다리다

4. 敬请光临 [jìngqǐng guānglín]　부디 참석해주십사 부탁드립니다.

5. 负责人 [fùzérén]　담당자

6. 参观, 参加

　　参加 [cānjiā] 참가하다, 회사에서 전시부스를 열어 홍보하는 행위

　　参观 [cānguān] 참관하다, 고객이 전시장에서 전시부스를 관람하는 행위

전시회 초대장 2

尊敬的各位同行朋友:

我们诚意邀请您参观将于2018年9月17日在北京展览馆隆重举行的韩国K-Beauty大会,本次展览会展出我司多年来研发而成的精致化妆品,如补水系列、美白系列、以及特殊功能性化妆品等。

为了本次活动的圆满成功,我们特别邀请到海内外知名模特、化妆师及化妆品研制专业人员,能够让各位更详细了解天然化妆品材料。

为您提供更多学习交流机会和无限商机。相信2018年的"K-Beauty"大会一定会让您满载而归,切勿错过这一盛大聚会!

组织单位: 中国化妆品协会
本公司展位:
负责人联系:
E-mail:
手机:
微信号码:
QQ号码:

존경하는 동종 산업에 계신 분들께:

　　2018년 9월 17일에 북경전람관에서 한국 K-Beauty 전시회가 열립니다. 이번 전시회에는 우리 회사도 다년간의 연구 끝에 개발한 고급화장품을 가지고 참가합니다. 수분시리즈, 미백시리즈 및 특수 기능성 화장품도 전시할 예정입니다.

　　이번 전시회의 순조로운 진행을 위해 특별히 해외의 유명 모델분들, 메이크업 아티스트, 그리고 화장품 전문직 종사자들도 같이 모셨습니다. 이번 기회에 여러분께 천연화장품 재료에 대해 소개할 예정입니다.

　　여러분께 교류의 장을 열어드리고, 사업적 기회를 드리고자 합니다. 2018년 K-Beauty 대회에서 많은 것들을 얻어가시길 기원합니다.

주최자: 중국화장품협회

본사 전시 부스 위치:

담당자 연락처:

E-mail:

핸드폰:

Wechat No.:

QQ No.:

生词、生句

1. 诚意邀请 [chéngyì yāoqǐng] 진심으로 초대합니다.

2. 隆重举行 [lóngzhòng jǔxíng] 성대히 열리다

3. 精致化妆品

　精致 [jīngzhì] 정교한, 섬세한

　여기서의 의미는 아주 잘 만들어진, 고품질의

4. 满载而归 [mǎnzài'érguī] 装得满满地回来，形容收获很大。

　많이 집어 넣고 오다, 즉 수확이 크다.

5. 切勿错过这一盛大聚会！

　切勿错过 기회를 놓치지 마시길

6. 天然 [tiānrán] 천연의, 인공적인의 반대

　자연에서 채취했다고 自然材料가 아닙니다.

　중문에서 自然은 '자연스러운'의 의미로 많이 사용됩니다.

(1)

收:

我公司将在2018年9月14日至2018年9月16日参加广交会2018年第十一届全国食品博览会。

希望贵公司在百忙中能够抽出时间参观本公司展位,以及共同探讨、交流,以便我们更加深入的合作。

谢谢!

(2)

时间: 2019年5月15日—17日
地点: 上海新国际博览中心
主办单位: 中国五金工商业协会

经中华人民共和国商务部批准,"第十六届中国国际五金商品博览会"定于2019年5月15-17日在上海新国际博览中心举办。

第十六届中国国际五金博览会,将展出80000平方米,4300个国际标准展位,七个国际展馆,2000多家中外参展企业,国内30个省、市、自治区,境外30多个国家和地区80000名多专业采购商与会。组委会真情欢迎更多的国内外厂商参展参会、贸易合作。

希望贵公司在百忙中能够抽出时间参观此次博览会,以及共同探讨、交流,以便我们更加深入的合作。

(1)

~ 귀하

우리회사에서는 2018년 9월 14일부터 2018년 9월 16일까지 Guang zhou Canton "2018년 제11회 전국식품박람회"에 참가합니다.

바쁘신 와중에 시간을 내어 본사 부스를 방문해 주시고, 같이 논의하시고, 교류의 폭을 넓혀 협조의 기회를 만들면 좋겠습니다.

감사합니다.

(2)

시간: 2019년 5월 15일~17일

장소: 상해신국제박람중심

주최 측: 중국오금(하드웨어)공상업협회

중화인민공화국 상무부의 비준을 거쳐, "제16회 중국국제 하드웨어박람회"가 2019년 5월 15일~17일 상해 신국제박람중심에서 개최됩니다.

제16회 중국국제 하드웨어 박람회의 크기는 80,000평방미터로 4,300개의 전시부스가 마련되어 있고, 17개국의 국제 전시관이 있으며, 2,000여 개의 기업이 참가하며, 국내에서는 30개 성, 시, 자치구가, 국외에서는 30여 개국과 지역의 80,000명의 구매바이어가 참가합니다. 이에 조직위원회에서는 더욱 많은 국내외 인사들이 참관, 무역적 협조가 이루어지기를 기대하고 있습니다.

이에 귀사를 초대하오니, 이번 박람회에 오셔서 토론과 교류를 통해 더욱 뜻 깊은 자리를 마련하시기 바랍니다.

 生词、生句

1. 将在~ ~할 예정이다

2. 在百忙中能够抽出时间
   바쁘시겠지만 시간을 내주시기 바랍니다.

3. 以便 ~하기 위해
   共同探讨、交流，以便我们更加深入的合作。
   같이 논의하고, 교류하여 더욱 심도 있는 협조를 하면 좋겠다.

4. 经~批准 ~를 거쳐 비준하다

5. 举办 [jǔbàn] 거행하다, 개최하다
   * 举行 [jǔxíng] 열리다, 거행하다

전시회 초대장 4

题目: 2019年7月10日在成都国际礼品、工艺品、钟表、家庭用品展
　　览会
发信人: "ABC"公司代表 洪吉东

您好!

　　我是在2018年10月重庆展览会上与您洽谈过的"ABC"公司
代表洪吉东。

　　年已经过了, 新的一年已经过了几个月了。
　　我们公司上市了多种新产品, 即将在2019年7月10日至7月13
日参加成都国际礼品、工艺品、钟表、家庭用品展览会。
　　请百忙中抽出时间来参观。
　　我们给去年来过展会并再次参观的顾客打七折销售产品。
　　祝您度过愉快的一天。

　　　　　　　　　　　　谢谢

展位号码: ABC123

제목: 2019년 7월 10일 성도국제 선물, 공예품, 시계, 가정용품 전시회

발신: ABC회사 대표 홍길동

안녕하세요.

저는 2018년 10월 중경 박람회장에서 뵈었던 ABC사의 홍길동입니다.

벌써 해가 바뀌고 많은 시간이 흘렀습니다.

저희 회사에서 다양한 신제품이 출시되어 2019년 7월 10일-7월 13일까지 성도국제선물용품 시계 및 가정용품 박람회에 참여합니다.

시간이 되시면 한번 방문해주셨으면 하고 연락드립니다.

작년에 오시고 재방문해주시는 고객들에게는 신제품을 30퍼센트 할인해서 판매합니다.

즐거운 하루 보내세요.

감사합니다.

부스 위치: ABC123

 生词、生句

1. 我是在~成都展览会上与您洽谈过的洪吉东。
   저는 ~(시간)성도전시회에서 상담했었던 ~입니다.

2. 上市 (新产品) [shàngshì]
   신제품을 출시하다

3. 打七折 [dǎqīzhé] 30% 세일
   打折 세일하다(discount)
   * 한국과 숫자는 반대로 →
   10% discount: 打九折   20% discount: 打八折
   30% discount: 打七折   40% discount: 打六折
   50% discount: 打五折   60% discount: 打四折
   70% discount: 打三折   80% discount: 打二折
   90% discount: 打一折

4. 销售 [xiāoshòu] 판매하다

전시회 초대장 5

您好！

　　本ABC Company公司（ABC化妆品品牌公司）将参加"上海美容博览会"（China Beauty Expo 2019）。

　　本公司的品牌产品"ABC"在大韩民国的皮肤科、整形外科使用。请查阅附件的宣传册。

　　上海美容博览会将于3月12日至15日举行，本公司的展位位置在123 。

　　请在百忙之中抽出时间，来参观"上海美容博览会"中本公司的展位（123）。

谢谢

Part 01 전시회 초대

안녕하십니까!

ABC화장품 브랜드의 오너인 저희 ABC Company는 이번에 상해 미용박람회 2019 (China Beauty Expo 2019)에 참가하게 되었습니다.

자사 브랜드인 "ABC"는 대한민국의 피부과 및 성형외과에 입점되어 사용되고 있습니다. 자세한 사항은 아래 첨부해드리는 카탈로그를 확인해주시기를 부탁드립니다.

상해 미용박람회는 다음 주인 3월 12일부터 15일까지 개최되며 자사는 123 부스에 위치할 예정입니다.

상해 미용박람회에 참관하시는 분들께서는 ABC 제품에 관심이 있으실 경우, 저희 123부스를 방문해주시기 바랍니다.

감사합니다.

 ## 生词、生句

1. 查阅 [cháyuè] 첨부문서 등을 찾아서 읽다

2. 附件 [fùjiàn] 첨부문서

3. 宣传册 [xuānchuáncè] 카달로그(catalog)
   宣传单 리플릿(leaflet)
   请查阅〈附件〉(첨부파일을) 찾아서 읽으시기 바랍니다.

4. 请在百忙之中抽出时间，来参观"上海美容博览会"中本公司的展位（123）。
   ABC 제품에 관심이 있으실 경우, 저희 123부스를 방문해주시기 바랍니다.
   * 원래대로의 번역이라면 如对ABC产品有兴趣，请到123号展位来参观。
   이라고 하겠지만 위를 다른 말로 하면, 만약 관심이 없다면 안 와도 된다는 말로 오해할 수도 있기 때문에 '시간 내어 꼭 오세요'라고 바꾸는 것이 좋습니다.

5. 美容、美发
   美容 [měiróng] 미용, 우리나라와는 달리 피부 care를 뜻합니다.
   美发 (理发) [měifà] 이발, hair cut
   즉 중국의 美容에는 理发의 기능이 원래 포함되어 있지 않습니다.

6. 整形外科 [zhěngxíngwàikē] 성형외과

전시회 초대장 6

大家好！

　　我是"ABC"公司的洪吉东。

　　现在韩国人都在过中秋节，因正在准备秋季的活动，所以较忙。

　　我们ABC公司预计今年秋季会参加在北京举办的MEGA SHOW。我们会参加10月20日～23日北京的展会。

　　如有时间，请来参观。

　　另外我们公司被选为韩国的设计振兴院促进的项目，即将参加广交会（11月1日至12月1日）。

　　我在春季去过广交会，对中国的展览会规模感到惊叹。

　　希望大家都能够愉快地渡过美好的8月，祝大家幸福。

谢谢

ABC公司代表　洪吉东　敬

안녕하세요

ABC홍길동입니다.

한국은 추석이라는 명절을 보내고 가을 행사 준비에 바쁜 시간을 보내고 있습니다.

저희 ABC은 이번 가을 시즌에 북경 메가쇼(MEGA SHOW)에 참가하게 되었습니다. 10월 20-23일까지 북경 전시장에 참여합니다.

일정이 되는 분들은 한번 들러주시면 감사하겠습니다.

그리고 한국의 디자인진흥원 사업에 선정되어 광저우 캔톤페어(11월 1일-12월 1일)에 참여하게 되었습니다.

저는 봄에 광주행사에 다녀오고 중국의 대단한 행사규모에 푹 빠져버렸습니다.

여러분도 즐거운 8월 되시고 행복하시길 바랍니다.

감사합니다.

ABC 대표 홍길동 올림

 生词、生句

1. 中秋节 [zhōngqiūjié] 추석
2. 现在韩国人都在过中秋节，因正在准备秋季的活动，所以较忙。
   （1）주의할 점은 한국이 추석을 보내는 것이 아니라, 한국사람이 추석을 보내는 겁니다. 주어가 잘못되었을 경우 올바른 주어를 찾으셔야 합니다.
   （2）가을 행사 준비에 바쁜 시간을 보내고 있습니다.
   → 가을 행사 준비를 하기 때문에 바쁩니다. 문장 안에 생략된 인과관계를 찾아내어 번역해야 합니다.
3. 项目 [xiàngmù] 프로젝트, 사업
   프로젝트성 사업일 경우 项目를 사용합니다.
   我公司正在进行几个房地产开发项目。(우리 회사는 현재 몇 개의 건설프로젝트를 진행하고 있습니다.)
   일반적 업무의 경우 业务를 사용합니다.
   我公司主要从事服装进出口业务。(우리 회사는 주로 의류 수출입 업무를 하고 있습니다.)

전시회 초대장 7

收: 先生、女士

　　很高兴通知各位，本公司将要参加10月15日至10月20日在香港举行的展览会。

　　我们是以有竞争力的价格和品质，提供顶级品质珠宝的韩国领先企业。

　　目前本公司正向美国、欧洲、中东及包括香港的亚洲市场扩大市场业务范围，以全体员工累积的专有知识和信任为基础，向各位提供最优质的服务。

　　请参考如下展柜号和展览会信息:

展位: C区123

　　如需更详细的信息，请随时联系我们。
　　希望在香港展览会与各位见面。

　　　　　　　　谢谢

받으시는 분께

우리 회사는 귀하께 10월 15일부터 10월 20일까지 홍콩에서 열리는 전시회에 참여하게 됨을 알려드리게 되어 기쁩니다.

저희는 고품질의 주얼리를 경쟁력 있는 가격과 품질로 제공하고 있는 한국의 선도 기업입니다.

미국과 유럽, 중동뿐만 아니라 홍콩을 포함한 아시아 시장으로 세력을 넓히고 있는 당사는 전 직원이 축적되어 온 노하우와 신뢰를 바탕으로 귀하께 최상의 서비스를 제공해드리겠습니다.

하기의 부스넘버와 박람회 정보를 참고하시기 바랍니다.

부스 위치: C구역 123

당사에 대하여 혹시 궁금하신 점이 있으실 때에는 언제든지 연락 주시기 바랍니다

그곳에서 귀하를 뵙길 고대하고 있겠습니다.

감사합니다.

生词、生句

1. 以～提供 [yǐ~tígōng] ~으로 제공하다
2. 向～扩大 [xiàng~kuòdà] ~로 확대하다
3. 领先企业 [lǐngxiānqǐyè] 선두기업
4. 全体员工 [quántǐ yuángōng] 전체 직원
5. 专有知识 [zhuānyǒu zhīshi] 노하우 (know-how)
6. 展柜 [zhǎnguì] 전시대

전시회 초대장 8

您好!

　　本公司是参加去年举行的"2018重庆食品博览会"的(株)ABC公司。非常感谢在博览会期间,参观本公司的展位及给予支持。

　　因今年我们还计划参加2019年的重庆食品博览会,所以发送邀请函。我们的展位与去年的相同,在聚集食品公司的B区位置。

　　请在百忙中抽出时间来参观我们的展示,我们将感到非常荣幸。

　　我们公司为了参加本次博览会,开发了新产品等,准备了不少产品。

　　希望贵公司和去年一样给予我们关心和支持,相信我们会恭维很好的合作伙伴。

　　我们期待在重庆国际博览中心举行的2019年重庆食品博览会上再次相见。

　　希望贵公司有更广阔的发展。

　　　　　　谢谢

안녕하십니까!

저희 회사는 작년에 열렸던 2018 중경식품박람회에 참가한 주식회사 ABC 입니다. 박람회 기간에 저희 부스를 방문해 주시고 관심 가져주셔서 대단히 감사합니다.

올해에도 2019 중경식품박람회에 참여하게 되어 이렇게 안내 메일을 보냅니다. 저희 부스는 작년과 동일하게 식품회사들이 모여 있는 B구역에 자리잡게 됩니다.

바쁘시지 않다면 귀사에서 올해도 저희 부스를 방문해 주신다면 큰 영광일 것입니다.

저희 회사는 이번 박람회를 위하여 새로운 제품을 개발하는 등 많은 준비를 하고 있습니다.

귀사에서 저희에게 작년만큼 따뜻한 애정과 관심을 주신다면 서로에게 좋은 파트너가 될 것이라고 확신합니다.

중경국제박람중심에서 열리는 2019 중경식품박람회에서 다시 한번 만나 뵙기를 기대하겠습니다.

앞으로도 귀사에 무궁한 영광이 있으시길 기원합니다.

감사합니다.

 生词、生句

1. 给予我们关心和支持 관심을 가지고, 지지하다
   关心 [guānxīn] 관심을 갖다
   支持 [zhīchí] 지지하다
2. 聚集 [jùjí] 모이다
3. 广阔 [guǎngkuò] 넓은, 광활한
4. 合作伙伴 [hézuò huǒbàn] 합작 파트너

박람회 참가 안내

时间: 2019年3月30日-4月1日　地点: 上海光大会展中心

1. 展会回顾

　　第23届上海国际美容美发化妆品博览会已于10月26日在光大会展中心盛大开幕! 上海美发美容行业协会会长刘备致开幕词并宣布开幕, 台北市理烫发美容业职业工会理事长曹操先生及中国美发美容协会常务副会长、四川省美容美发行业商会会长孙权先生分别致词。

　　本次活动共持续三天, 众多精彩内容; 同期举办的"第十五届上海国际美发美容节, 第十七届上海国际美发美容美甲邀请赛"更是精彩不断。

2. 大会讯息

　　展会名称: 2019第24届上海国际美容美发化妆品博览会
　　展出时间: 2019年3月30日~4月1日
　　展览地点: 上海光大会展中心 (徐汇区漕宝路88号)
　　布展时间: 2019年3月28日~29日
　　撤展时间: 2019年4月1日15:00
　　主办单位: 上海美发美容行业协会

시기: 2019년 3월 30일~4월 1일   장소: 상해 광대 전람센터

1. 박람회 회고

제23회 상해국제 미용 헤어 화장품 박람회는 10월 26일 광대 전람센터에서 성대하게 개막했습니다! 상해 헤어 미용 상업협회 유비 회장의 개회사를 시작으로 개막되었으며, 타이베이 시의 이탕파 미용직업노동조합 이사장 조조 선생 및 중국헤어 미용협회 상무 부회장, 사천성 헤어미용 상업 상공회 회장 손권 선생이 각각 인사말을 하였습니다.

본 행사는 3일간 진행되며, 많은 내용을 담고 있습니다. 같은 시기 제5회 상해 국제 헤어미용절과 더욱 멋진 제17회 상해 국제 헤어 미용 경연대회가 계속됩니다.

2. 대회정보

박람회 명칭: 2019 제24회 상해국제 헤어 미용 화장품 박람회

전시 시기: 2019년 3월 30일~4월 1일

전람회 장소: 상해 광대 전람센터(쉬후이구 차오바오루 88호)

전시일: 2019년 3월 28일~29일

철수일: 2019년 4월 1일 15:00

주최자: 상해 에어 미용업계협회

生词、生句

1. 终端用户 [zhōngduānyònghù] 엔드 유저

2. 凭证 [píngzhèng] 증거

포럼 소개

财富高峰论坛简介

一、论坛名称：

　　"财富高峰论坛"（以下简称"论坛"）（英文名称为The Fortune Summit Forum）。

二、论坛性质：

　　非官方、定期、定址的国际财经峰会。

三、论坛宗旨：

　　▶ 倡导发现财富·创造财富·善待财富。

　　▶ 立足中国，深化中国与世界各地间的经济交流、协调与合作；同时又面向世界，增强中国与世界其它地区的对话与经济联系；

　　▶ 为政府、企业及专家学者等提供一个共商经济与社会等诸多方面问题的高层对话平台；

四、论坛目的

　　1.通过财富论坛向世界展现精彩的财经盛会，将中国及世界优秀企业家及资本精英人士聚集在一起，进行充分的交流、沟通与合作。

　　2.开启新的思维，找寻全球化趋势下中国与世界财富和经济话题的全新思路及广泛深入的合作机会。

　　3.同时，希望通过这样的方式让本土企业家全方位解读中国经济格局的变化，把脉未来世界经济走势。从而也拉动了全球世界知名企业对中国西部的投资热情，让他们瞩目中国西部，并将这里视为中国经济未来最重要的策源地之一。

1. 자산 최고위층 포럼 설명

자산 최고위층(이하 '포럼'이라 한다) (영문 명칭은 The Fortune Summit Forum이라 한다).

2. 포럼 성질

비공식적, 정기적, 정해진 주소지의 국제 재경 정상회담.

3. 포럼 취지

   ▶ 자산의 발견·자산을 창조한다·자산의 우대를 제의한다.
   ▶ 중국에 입각하여 중국과 세계 간의 경제교류, 협조 및 합작, 동시에 세계적으로 중국 및 세계 기타 지역의 대화 및 경제의 결합을 강화한다.
   ▶ 정부기업 및 전문학자 등을 위해 하나의 공동경제 및 사회 등 여러 가지 방면의 문제를 최상위층에게 대화 포럼을 제공한다.

4. 포럼목적

1. 재경 포럼을 통해, 전 세계에 가장 멋진 재경 모임을 보여주며, 중국 및 세계의 우수기업자 및 자본엘리트 인사들이 함께 모여 충분한 교류와 의견을 나누고 협력하게 한다.

2. 새로운 사고를 열고 세계화 추세를 기반으로 중국 및 세계 자산과 경제 화제의 새로운 생각 및 넓고 깊은 협력의 기회를 찾는다.

3. 동시에 이러한 방식을 통해서 본토 기업가는 중국 경제 구조의 변화를 전방위적으로 분석하며, 미래 세계 경제의 추세를 파악한다. 하여, 전 세계 유명 기업으로 하여금 중국 서부에 대한 투자의 열망을 끌어올리고, 중국 서부를 주목하게 하여, 중국 서부가 중국의 미래 경제에 있어 중요한 발전방향임을 알려준다.

 **生词、生句**

1. 财富 [cáifù] 자산, 부
2. 论坛 [lùntán] 포럼
3. 深化 [shēnhuà] 심화되다
4. 优秀 [yōuxiù] 우수하다, 뛰어나다
5. 瞩目 [zhǔmù] 눈여겨보다, 주목하다, 주시하다
6. 可持续发展 [kěchíxùfāzhǎn] 지속 가능한 발전

Part 02 전시회 후 서신

전시회 후 인사

您好！

　　我们是厨房用机器专业公司"（株）ABC"。

　　非常高兴在2018年Canton Fair（广交会）能够与您见面。

　　我们就像在展览会上介绍的，（株）ABC公司是专业生产厨房用器具的公司。

　　（株）ABC在韩国市场上连续10年占据排行榜第一位，产品的品质获得了认可，以尖端的技术为基础，生产优质的产品并且以合理的价格销售。

　　以顶级的技术力量和销售能力为基础，除了三星、LG等大企业使用本公司的产品外，还有多种多样的连锁店、医院、只使用高端产品的高档酒店都在使用我们的产品。

　　因（株）ABC的销售部门和顾客服务中心24小时、365天运营，所以对我们的多种多样的产品感兴趣或有咨询的事项，请随时联系我们，我们会热情招待。

　　我们承诺会以合理的价格提供全球顶级质量的产品，我们将会成为最佳的合作伙伴。

　　　　谢谢

안녕하세요.

주방기기 전문회사 "(주)ABC"입니다.

2018년도 Canton Fair에서 만나 뵙게 되어 진심으로 반갑습니다.

전시회장에서 말씀드렸듯이, (주)ABC사는 각종 주방용 기기를 생산하는 회사입니다.

(주)ABC사는 한국 시장에서 10년 연속 1위를 차지할 정도로 시장에서 인정받고 있으며, 높은 수준의 기술력을 바탕으로 질 높은 제품을 생산, 합리적인 가격에 판매하고 있습니다.

이러한 기술력과 세일즈를 바탕으로 삼성, LG 등 대기업은 물론, 다양한 프랜차이즈 및 병원, 고품질 제품만을 사용하는 최고급 호텔까지, 우리 제품만을 사용하고 있습니다.

(주)ABC 영업부 및 고객센터는 24시간 365일 운영되오니 저희의 다양한 제품들에 대해 관심이 있거나 문의사항이 있으시면, 언제든 편하게 연락 주시면 최선을 다해 안내해드리도록 하겠습니다.

세계 최고 수준의 질 높은 제품을 합리적인 가격에 제공해드릴 것을 약속드리며, 최고의 파트너가 될 것을 약속드립니다

감사합니다.

生词、生句

1. 占据排行榜第一位 1위를 차지하다

   排行榜 [páihángbǎng] 순위 차트

   ex) 本产品的销售量为全球排行第一。

   본 제품의 판매량은 세계 1위이다.

2. 获得了认可 인정받고 있다

   获得 [huòdé] 얻다, 획득하다

   认可 [rènkě] 허락, 승낙, 인정

   ex) 本产品质量受到广大群众的认可。

   본 제품의 품질은 많은 사람들에게 인정받고 있다.

전시회 후 참관 감사 인사

您好!
　我是株式会社ABC的洪吉东代理。

1. 通过2018年深圳、仁川商品展与您结识, 感到非常高兴, 另外也非常感谢您对我们公司产品的关心。
2. 我们ABC公司是被仁川市政府、商工会议所选为参加此次洽谈会的公司, 目前在KOTRA和各地区政府得到认可的食品公司。
3. 按上次洽谈会上所提到的, 会发送本公司产品的介绍和报价, 请查阅。
4. 为了提高品质以及达到顾客的满意, 我们会继续投入最大努力并且也会在最大程度上协助贵公司。
5. 我们准备好样品后, 会立即发送。
6. 如有其他要求, 请随时联系我们。

　　　　　　　　　　谢谢
商祺

안녕하십니까?

주식회사 ABC의 홍길동 대리입니다.

　1. 이번 2018년 심천-인천 상품 기획전을 통해 뵙게 되어 매우 반가웠습니다. 또한, 폐사 상품에 관심 가져주신 점 깊은 감사의 말씀 전합니다.

　2. 저희 ABC는 인천시 및 상공회의소로부터 이번 상담회 참여 기업으로 선정 되었고, 현재 KOTRA 및 각종 지자체 단체로부터 신뢰받고 있는 식료품 전문 업체입니다.

　3. 상담회 자리에서 말씀드린 것과 같이 저희 제품 프로필과 견적 파일 첨부로 보내오니, 확인 부탁드립니다.

　4. 품질을 더욱 높이고, 고객님들을 더욱 만족시키기 위해, 앞으로 보다 나은 서비스와 최고의 품질로 귀사를 위해 적극 협조하겠습니다.

　5. 요청하신 샘플은 준비되는 대로 바로 배송해드리겠습니다.

　6. 기타 문의 사항 있으시면 언제든지 연락 주십시오.

감사합니다.

生词、生句

1. 通过~结识 [tōngguò~ jiéshí] ~을 통해 알게 되다
   * 认识 [rènshi] 알게 되다 (사람을)
   结识 [jiéshí] 친분을 맺게 되다 (회사를)
2. 感谢您对我们的关心。 우리에게 관심을 가져주셔서 감사합니다.
   关心 [guānxīn] 관심
   关注 [guānzhù] 지켜보다
   支持 [zhīchí] 지원해주다
3. 查阅 [Cháyuè] 열람하다, 찾아서 읽다
   일반적으로 메일을 보내면서 첨부파일을 보낼 때 사용합니다. 첨부파일이 있으니 查 조사해서, 阅 읽어주세요…인데 일반적으로 '첨부파일을 확인 바랍니다'로 사용하시면 됩니다.

您好!

　　我是在2019.02.10日在首尔举行的韩中洽谈会上，与您见过面的(株)ABC公司的洪吉东科长。

　　我已寄出了您在洽谈会上要求的防晒霜样品，请查收。

　　另外发送了有FOB价格的报价单，请查阅。

　　FOB价格是以最少数量为准，根据订购数量可协商价格，如有需要请与我联系。

　　如需要其他的资料或事项，请随时与我们联系。

　　据说您将在2月12日回国。

　　希望您在韩国办事成功，回国时一路平安，等待您的回信。

　　希望借此机会，能与贵公司共同发展。

　　　　　　　　　　谢谢

안녕하세요?

2019.02.10일 서울에서 진행된 한-중 상담회에서 뵈었던 ㈜ABC사의 홍길동 과장입니다.

상담회에서 요청하셨던 선크림을 샘플로 보내드리니 긍정적인 검토 부탁드립니다.

또한, FOB 가격이 적힌 offer sheet(견적서)도 같이 보내드리오니 확인 부탁 드립니다.

FOB 가격은 최저 수량으로 작성된 것이며 발주 수량에 따라 할인 및 가격 협상이 가능하오니 필요 시 연락 주시기 바랍니다.

이외에도 더 필요하신 자료나 사항이 있으면 언제든지 연락 주시기 바랍니다.

2월 12일에 귀국으로 돌아가신다 들었습니다.

귀국으로 잘 돌아가시길 바라며 연락 기다리고 있겠습니다.

이번을 기회로 귀사와 동반 성장할 수 있는 기회가 될 수 있기를 진심으로 바랍니다.

감사합니다.

 ## 生词、生句

1. 我已寄出了样品, 请查收。
샘플을 발송했으니, 잘 받아보시기 바랍니다.
查收 [cháshōu] 확인하여 받다
已: 已经 이미 발송했다. 그러니 请查收 꼭 받고, 확인 바란다.

2. 根据订购数量可协商价格,
발주 수량에 따라 할인 및 가격 협상이 가능하오니
根据 [gēnjù] ~에 따라
协商 [xiéshāng] 협상 (구어: 讨价还价)
订购 [dìnggòu] 주문, 구입하다.

3. 据说~ [jùshuō] ~한다고 들었다.

4. 希望您在韩国办事成功, 回国时一路平安, 等待您的回信。
귀국으로 잘 돌아가시길 바라며 연락 기다리고 있겠습니다.
一路平安 [yílùpíng'ān] 가시는 길이 평안하길 바라다
(직역: 한국에서의 출장이 성공적이 길 빌며, 귀국길 순조롭고, 꼭 회신 주세요)

전시회 후 감사 인사 1

借此E-mail, 对各位参观我们的展位以及对我们产品的关心和支持表示衷心的感谢。

我们的"ABC"是2000年上市的品牌产品, 我们独自设计及生产幼儿用游戏地垫、幼儿沙发等产品, 领先了行业。我们"ABC"拥有同行业中30项注册专利(最多)。

我们ABC的所有产品都是采用高品质的材料, 并且以手工制作, 因获得 CE、KE标志等认证, 所以父母们可放心使用。

再次对参观我们展位以及对我们产品关注的各位, 表示感谢, 我们希望能够与贵公司进行合作, 创造共同发展的机会。

如有咨询事项, 请联系www.abccorporation.com

谢谢

먼저 이 기회를 빌어 저희 제품에 관심과 부스를 방문해주셔서 진심으로 감사하다는 말씀을 드립니다.

저희 ABC브랜드는 2000년에 런칭을 시작으로 유아용 놀이매트, 유아 소파 등의 제품을 직접 디자인, 생산하며 업계를 선도해오고 있습니다. 업계 최다 30개 특허를 보유하고 있습니다.

ABC의 모든 제품은 고품질 소재를 사용하여 수작업으로 만들어지며, CE, KE 마크 등의 인증을 받아 아이와 부모님들이 안심하고 사용할 수 있습니다.

다시 한번 저희 제품에 대한 관심과 방문에 감사하다는 말씀을 드리며 귀사와의 협업과 비즈니스를 할 수 있는 기회를 가질 수 있기를 기대하고 있습니다.

문의 사항이 있으시면 abc@abccorporation.com으로 연락 부탁드립니다.

감사합니다.

 生词、生句

1. 表示衷心的感谢 진심으로 감사드립니다.

   表示 [biǎoshì] 표시하다

   衷心 [zhōngxīn] 진심으로

2. 上市 [shàngshì]

   출시하다, 시장에 내놓다, launching하다

3. 采用~材料 ~재료를 사용하다

   采用 [cǎiyòng] 채용하다

   材料 [cáiliào] 재료

4. 再次~表示感谢 다시 한번 감사드립니다.

5. 我们希望能够与贵公司进行合作

   귀사와 partnership 관계가 이루어졌으면 한다.

전시회 후 감사 인사 2

(1)
您好!

我们是参加本次展览会的ABC公司。

首先通过电子邮件向您问候!。

通过这次机会, 希望互相成为诚实的合作伙伴。

祝您健康, 度过美好的一天。

商祺

(2)
大家好!

这段时间过得怎么样, 我居住的地方因为太热, 所以较辛苦。

您那地方怎么样? 天气炎热请多保重身体。

我居住的城市, 被全球背包旅行者的指南——"孤独星球"选为亚洲有代表性的旅游城市, 仅次于日本的北海道、中国的上海, 排行第3。

我住的城市就是这么厉害。

我们公司也有好的事情。我们公司的产品被选为代表我们城市的产品了。

购买的产品现在使用的怎么样?

如有问题请联系, 我们会提供售后服务。

我在中国的展览会能够认识到您们, 非常高兴, 感谢缘分。

我们会继续投入不懈地努力。

(1)

안녕하십니까?

이번 박람회에 참가하게 된 ABC이라는 업체입니다.

메일상으로 먼저 인사를 드리게 되었습니다.

이번 만남을 통해서 좋은 인연으로 발전할 수 있길 바랍니다.

항상 건강하시고 행복한 하루가 되시길 기원드립니다.

(2)

안녕하세요

그동안 잘 지내셨는지요? 제가 살고 있는 곳은 많이 더워서 힘든 여름이었습니다.

그곳은 어떠신지요? 더위 조심하십시오.

제가 살고 있는 곳이 세계 배낭여행자들의 지침서로 불리는 '론리 플래닛'에서 아시아 대표 관광도시로 선정되었습니다. 일본 홋카이도, 중국 상하이에 이어 3위를 차지했습니다.

제가 살고 있는 도시가 이렇게 멋진 도시랍니다.

저희 회사로 좋은 일도 있었습니다. 우리 시를 대표하는 상품에 선정되어서 좋은 일들도 있었습니다.

구입해 가신 제품들은 잘 사용하고 계시는지요?

문제가 있다면 연락 주세요. A/S를 해드리도록 하겠습니다.

중국박람회에서 여러분처럼 좋은 분들을 많이 알게 되어 너무 감사하고 즐거웠습니다.

앞으로도 최선을 다하겠습니다.

 生词、生句

1. 인연 緣分 이라고 하나 중국에서 서신에는 별로 사용하지 않고 있습니다. 그냥 좋은 파트너사로 발전하고 싶습니다. 라고 표현하면 됩니다. → 希望成为很好的合作伙伴。

2. 不懈地努力 최선을 다하다

不懈 〔búxiè〕 꾸준하게

尽最大程度上的努力。 우리 서신에는 항상 '최선을 다하겠습니다'가 많습니다. 만약 한 서신에 반복 되어 최선을 다하겠다는 말을 사용할 경우 한 번은 不懈地努力를 사용하고 한 번은 尽最大的努力를 사용하면 됩니다.

전시회 후 회사소개서 발송

您好！

　　我们是在韩中FTA综合大展参展的(株)ABC食品公司。
　　非常感谢在百忙中为我们抽出时间。
　　这次我们发送本公司的产品价格明细和公司介绍。
　　因语言问题，希望以英语或韩语回复。
　　我们希望贵公司能够有更好的发展。

(株)ABC食品 海外销售部 洪吉东

안녕하십니까?

지난 한중 FTA 종합대전에서 인사드렸던 ㈜ABC입니다.

귀중한 상담 시간을 할애해 주셔서 감사드립니다.

폐사의 제품 가격 리스트와 회사 소개서 함께 송부하여드립니다.

참고로 영어나 한국어로 회신 주시면 더욱 감사드리겠습니다.

귀사의 무궁한 발전을 기원드립니다.

㈜ABC 해외 영업부 홍길동 배상

 ## 生词、生句

1. 感谢在百忙中抽出时间。 시간을 내주어 감사하다.

　百忙 [bǎimáng] 매우 바쁘다

　抽出 [chōuchū] 빼다, 꺼내다

2. 产品价格明细 제품 가격 리스트

　产品 [chǎnpǐn] 제품

　价格 [jiàgé] 가격

　明细 [míngxì] 명세

3. 因语言问题，希望以英语或韩语回复。

　언어적인 문제로 인해, 영어 혹은 한국어로 회신 주시면 좋겠습니다.

　역시 因为~所以, 여기서는 所以가 생략됨(생략 가능)

4. 我们希望贵公司能够有更好的发展。

　귀사의 무궁한 발전을 기원드립니다.

　굳이 무궁한 발전이라고 표현하지 않는 것이 좋습니다. 无穷은 현대 중국어에서

　는 잘 사용되지 않습니다.

　* 비즈니스 중국어의 목적은 상대방으로 하여금 모든 내용을 이해시키는 것입니

　다. 따라서 중국에서 잘 사용되지 않는 한국식 표현은 잘 사용하는 표현으로 적절하

　게 바꾸시는 것이 좋습니다.

尊敬的各位贵宾:

您好!

十分高兴能在重庆食品展览会上见到您, 非常感谢您参观我们的展位: C区123。现在我们已经回到公司, 希望您一切顺利。

我们已经仔细阅读了您留下的需要的产品目录。真诚期待能在不久的未来与贵公司合作。附件是关于本公司产品的介绍及详细信息, 如您对其中任何产品感兴趣, 请随时与我们联系。我们会向您提供最优惠价格及服务。

期待收到您的回复!

商祺

존경하는 귀빈께:

안녕하십니까?

중경 식품 전시회에서 만나 뵙게 되어 매우 기쁘게 생각하며, 저희 부스(C123)을 참관해주셔서 감사드립니다. 지금 우린 다시 회사로 왔습니다. 당신도 모든 일이 순조로우면 좋겠습니다.

저흰 이미 당신께서 남겨주신 필요한 물품 목록을 읽어보았습니다. 머지 않아 귀사와 협업을 했으면 합니다.

첨부파일은 본사의 제품소개와 자세한 정보가 있습니다. 그중 관심 있는 제품이 있으면 언제든 저에게 연락해주시기 바랍니다. 가장 좋은 가격과 서비스를 제공해드리겠습니다.

회신 바랍니다.

감사합니다.

 生词、生句

1. 十分高兴 〔shífēn gāoxìng〕 매우 기쁘다

2. 一切顺利 〔yíqiè shùnlì〕 모든 것이 순조롭다

3. 仔细阅读 〔zǐxì yuèdú〕 자세히 읽어보다

4. 真诚期待 〔zhēnchéng qīdài〕 진심으로 기대하다

5. 不久的未来 〔bùjiǔ de wèilái〕 머지 않은 미래에

6. 对~感兴趣 〔duì gǎnxìngqù〕 ~에 대해 관심 있다

7. 最优惠价格 〔zuì yōuhuìjiàgé〕 가장 좋은 가격

창립 기념식 참석에 대한 고마움

对于参加公司成立纪念仪式表示谢意。

再次感谢您来参加我司成立15周年纪念仪式。在这喜庆的日子里能够与您们这些好朋友们一起庆祝，这仪式的含义就更具有意义了。

希望有机会我公司能够答谢各位，我们会不胜感激。

预祝您事业有更大的发展和幸福安康。

당사의 창립 15주년 기념식에 시간을 내서 참석해주신 데 대해서 재차 감사를 드립니다. 이 경사스러운 날을 귀하와 같은 친구들과 함께 축하할 수 있어서 식이 한층 뜻깊어졌습니다.

언젠가 적절한 시기에 이번 호의에 답례할 기회가 있으면 고맙겠습니다.

그동안 귀하의 성공과 행복을 빕니다.

 生词、生句

1. 喜庆的日子 [xǐqìngderìzi] 경사스러운 날
2. 有朝一日 [yǒuzhāoyírì] 언젠가는
3. 祝愿 [zhùyuàn] 축원하다, 기원하다
4. 安康 [ānkāng] 편안하고 건강하다
5. 不胜感激 [búshènggǎnjī] 감사해 마지않습니다

Part 03 전시회 후 문의

견적서 요청

您好!

我是友利产业公司的洪吉东。

去年我在上海加工机械展览会上参观了贵公司的展位。

本人所在的公司是韩国专业的研磨机械制造公司（研磨机械、研磨石）。

我司对贵司的机械很感兴趣。

希望购买贵司机械中的ABC（1台）。

希望获得贵公司的报价及有关的资料。

请回复。

谢谢

안녕하세요.

우리산업의 홍길동입니다.

작년에 상해공작기계 전시회에서 귀사의 부스를 방문했습니다.

당사는 한국의 연마 전문업체(연마기계, 연마석)입니다.

당사에서는 귀사의 기계에 관심이 많습니다.

귀사 기계 중에서 ABC 1대를 구입하고 싶습니다.

견적과 관련 자료를 받고 싶습니다.

연락을 부탁드립니다.

감사합니다.

 生词、生句

1. 对~感兴趣 [duì gǎnxìngqù] ~에 관심이 있다

2. 希望获得 [xīwàng huòdé] ~를 얻고자 한다

3. 回复 [huífù] 회신하다

4. 本人所在的公司 제가 있는 회사

5. 研磨 [yánmó] 연마하다

6. 机械 [jīxiè] 기계

구매 문의 1

(1)
您好
很高兴认识您

　　我是上海ABC有限公司的小新, 我在中国上海销售ABC设备, 我的客户主要以大型的印刷厂、台历、挂历厂、本子厂为主, 贵公司的产品很适合我们销售, 特别是贵公司的　ABC400、ABC401、ABC402等这些机器, 我们想在中国销售, 不知道可不可以。

盼回复

上海ABC有限公司

(2)
洪吉东总经理
您好!
　　我是南京纺织公司的周经理, 上周上海展会留有您的名片, 我们专做ABC面料、乱麻, 拥有自己的纺织厂, 希望有机会合作, 谢谢!

周瑜
业务部

(1)

안녕하십니까.

알게 되어 기쁘게 생각합니다.

전 상해ABC실업유한공사의 Xiao xin입니다. 저는 상해에서 ABC를 판매하고 있습니다. 저희 고객은 주로 대형 인쇄공장, 탁상용 달력, 달력 공장, 노트 공장들입니다. 귀사의 제품이 저희가 판매하기에 매우 적합하며, 특히 귀사의 ABC400, ABC401, ABC402 등의 기계가 적합합니다. 하여 중국에서 판매하고자 한데, 가능한지요.

답변 부탁드립니다.

상해ABC유한공사

(2)

홍길동 사장님 안녕하십니까.

저는 남경 방직회사에 Zhou 경리입니다. 지난주 상해전시회에서 주신 명함으로 연락드립니다. 저희는 ABC원단, 난마를 제조하고 있으며, 자체적으로 방직 공장을 갖고 있습니다. 기회가 되면 협조하고 싶습니다. 감사합니다.

Zhou Yu

영업부

 ## 生词、生句

1. 以~为主 ~가 주요한(main)
   여기서의 의미는 '여러 고객 중 ~ 이러한 고객이 주를 이룬다'의 의미
2. 台历 [táilì] 탁상용 달력
   挂历 [guàlì] 벽걸이 달력
3. 盼 [pàn]
   盼望 [pànwàng] 바라다, 희망하다
4. 留有 [liúyǒu] 간직한
5. 面料 [miànliào] 옷감, 원단
6. 业务部 [yèwùbù] 영업부
7. 乱麻 [luànmá] 난마, 여기서는 마의 일종
8. 有机会合作 기회가 되면 협업을 하자

구매 문의 2

　(1)
收: ABC公司负责人
您好!
　　我是杭州的丽莎, 很高兴通过北京韩国时尚展览会, 了解到贵司化妆品, 现有意向订购你们礼盒套装产品, 用于房地产开盘活动的促销礼品, 约人民币90万左右的礼盒套装产品, 请你们安排礼盒的搭配及报价。请尽快回复, 为盼!
顺祝
商祺!

杭州丽莎

　(2)
您好,
　　我们是一家韩国公司。
　　我们对贵公司的产品很感兴趣。
　　尤其是对散热管更感兴趣。
　　请告知我们单价和MOQ等, 购买的条件。
　　如该条件符合我们, 我们在订购之前, 将会访问贵公司。
　　请告知我们, 去贵公司应该降落到什么地方的机场等, 详细的内容。

谢谢

(1)

안녕하세요.

저는 항주의 Li Sha입니다. 북경에서 열린 한국패션전시회에서 귀사의 화장품을 알게 되었습니다. 현재 저희는 귀사의 선물용 SET상품을 사려고 하며, 부동산 분양에서 판촉용으로 사용하고자 합니다. 선물용 SET제품으로 약 인민폐 90만 위안 정도를 예상하고 있습니다. 그러니, 선물용 SET 상품을 준비해주시고 가격도 가르쳐주시기 바랍니다. 빠른 회신 부탁드립니다.

감사합니다.

Best Regards

항주 Li Sha

(2)

안녕하세요.

우리는 당신의 제품에 관심이 있습니다.

특히, 라디에이터 튜브에 관심 있습니다.

우리에게 단가와 MOQ외 구매할 수 있는 조건을 전달해주세요.

구매조건이 맞으면, 우리는 구매하기 전에 당신의 회사를 방문하고 싶습니다.

귀사를 가려면 어느 공항을 가야 하는지 등 자세한 내용을 저희에게 전달해주세요.

감사합니다

  生词、生句

1. 有意向 [yǒu yìxiàng] ~할 의향이 있다
2. 套装 [tàozhuāng] 세트 상품
3. 开盘 [kāipán] 개장하다, 개시하다
4. 活动 [huódòng] 이벤트
5. 安排 [ānpái] 안배하다, 여기서는 준비하다
6. 报价 [bàojià] 가격을 제시하다(Offer price)
7. 请尽快回复, 为盼! → 请尽快回复, (以此) 为盼!
   以此为盼 이에 간절히 원하다
8. 单价 [dānjià] 단가
9. MOQ: 최소 발주 수량 (最少订购量)
10. 降落 [jiàngluò] 착륙하다

방문 메일

尊敬的刘先生

您在7月16日发送的查询有关的邮件已查看。得知贵公司对我们的产品有兴趣，感到高兴。

我们已以DHL向您发送我公司最新的产品目录及一些常用的样品。很抱歉未能寄上全部系列的样品，但保证我公司的产品质量确实如您所期。

我公司业务部经理将在下月到韩国出差，希望到时能给您看全套的样品。相信看了这些样品之后，您也会同意我们的产品用料考究、质量上乘、工艺精良，能吸引最挑剔的买家。

除了您查询的产品以外，本公司还生产品种繁多的小机具。贵公司若感兴趣，可浏览我公司的网页。

期待您的订单 。

존경하는 선생님

당신이 7월 16일에 문의한 메일은 이미 받아보았습니다. 귀사께서 폐사에 관심을 가져주심을 알게 되어 매우 기쁘게 생각합니다.

저희는 이미 DHL을 통해서 폐사의 가장 최신 상품목록 및 상용하는 약간의 샘플을 보내드렸습니다. 모든 세트를 다 보내지 못해 죄송하게 생각합니다. 그렇지만 폐사 제품은 귀하가 기대하는 품질을 가지고 있음을 확신할 수 있습니다.

폐사 업무부 경리는 다음 달 한국으로 출장을 가려고 하는데, 그때에 모든 세트 샘플을 들고 가서 가능하다면 귀사에 보여드리고 싶습니다. 보시면 우리 제품이 재료의 선택에 있어 노력하고 있으며, 최상의 품질을 유지하고, 최고 기술을 사용하여, 꼼꼼하게 따지는 고객을 설득할 수 있다고 생각합니다.

귀하께서 문의하신 제품 외에도 폐사에서는 많은 종류의 작은 기계와 도구를 생산하고 있습니다. 만일 귀사에서 관심이 있으시다면 폐사의 홈페이지를 한번 열람해주시기 바랍니다.

귀하의 주문을 기대합니다.

 生词、生句

1. 通过 [tōngguò] 통과하다, 지나가다, 통하다

2. 原料 [yuánliào] 원료

3. 未能~ [wèinéng] ~하지 못하다

4. 到时 [dàoshí] 그때가 되다

5. 考究 [kǎojiu] 연구하다, 조사하여 알아내다

6. 吸引 [xīyǐn] 끌어당기다

Part 04 일반서신

방문 가능 여부의 문의

(1)

您好!

　　我是韩国ABC的总经理。

　　下周一（5月7日）希望访问贵公司，洽谈有关自动化设备事宜。

　　不知贵公司是否方便接待?

(2)

　　下周计划去中国的重庆。

　　不知贵公司是否需要我们去访问并洽谈上次E-mail联系的自动化设备?

(1)

안녕하십니까.

한국의 ABC 사장입니다.

다음 주 월요일(5월 7일) 오후에 귀사를 방문하여 자동화 설비에 관하여 의논하고 싶습니다.

제가 귀사를 방문해도 되겠습니까?

(2)

다음 주에 중국의 중경에 방문할 계획입니다.

지난번에 당신과 메일로 연락하던 자동화 건으로 제가 귀사에 방문이 필요합니까?

 生词、生句

1. 访问 [fǎngwèn] 방문하다

2. 洽谈 [qiàtán] 상담하다

주의) 중국어에서 商谈의 의미는 协商이 포함되어 있는 단어입니다. 일반적으로 어떤 비즈니스적인 대화는 洽谈이라고 하고, 가격 협상 등의 협상이 포함될 경우 商谈을 사용합니다.

3. 计划 [jìhuà] ~할 계획이다

4. 不知~是否需要 필요한지요?

ex) 不知您是否了解? 이해하셨는지?

5. 不知贵公司是否方便接待? 응대가 가능한지?

방문 가능한지요? 라고 하면, 상대방에서 시간이 안 될 경우 거절할 수도 있겠죠, 5월 7일이라고 시간까지 정했으며, 장거리 출장이기 때문에 무조건 간다는 표현을 이렇게 돌려서 말합니다.

孙先生, 您好!

1. 我以特快发送了孙先生要求的测试报告书, 且也在电子邮件附上了测试报告书。
2. 我想要知道终端客户对我司产品的响应程度。
3. 我和金总经理将要访问从10月11日至10月13日在广州举行的中国(广州)展览会。

      在上述的期间, 希望与孙先生洽谈。请告知我能否与孙先生见面。

      此外, 希望与位于广州地区的其他有意向购买本公司产品的公司进行洽谈。

      盼孙先生回复。

          非常感谢

                    洪吉东 敬

손 선생님, 안녕하세요.

1. 빠른 우편으로 손 선생님이 요구하신 테스트보고서를 보냅니다. 또한 이메일로도 함께 드립니다.

2. 엔드 유저들의 우리 회사 제품에 대한 호응을 알고 싶습니다.

3. 저와 김 사장님이 10월 11일에서 13일까지 광주에서 개최되는 중국(광주) 박람회에 방문합니다.

위의 기간에 손 선생님과 상담하고자 합니다. 가능한지 답변 바랍니다.

그 밖에 광주에 기타 구매 의향이 있는 회사와 상담하고 싶습니다. 그에 관해 먼저 손 선생님과 협의하고자 합니다.

답변 바랍니다.

감사합니다.

홍길동 드림

 生词、生句

1. 以特快 [yǐ tèkuài] 특급 우편을 사용하여

2. 测试报告 [cèshì bàogào]
   报告 : 보고서, 测试、检查、检验 등과 같이 사용할 경우 시험성적서, 검사성적서

3. 终端客户 [zhōngduān kèhù] 최종 고객(end user)

4. 上述 [shàngshù] 위에 언급한

5. 对产品的响应程度 제품에 대한 호응(반응) 정도

6. 附 [fù] 첨부하다 / 附件 첨부파일

7. 举行 [jǔxíng] 거행되다

8. 告知 [gàozhī] 가르쳐주다, 알려주다 (告诉의 문어체)

9. 位于 [wèiyú] ~에 위치한
   我公司在汝矣岛。→ 本公司位于汝矣岛。

10. 盼望 [pànwàng] 절실하게 희망하다
    期望 [qīwàng]、期待 [qīdài] 기대하며 기다리다
    渴望 [kěwàng] 절박한 희망

전시회에 관한 질문

谢谢您的回复。

您能否告知在7月份举办展会的官方名称?
该展览会是否在北京举行?
展览会的日程安排如何?
如有机会, 我方希望到展览会去感受气氛。
因目前我们公司正在了解中国市场, 所以对您的提问比较多,
麻烦您了。
贵公司是我们与中方交易的第一家公司。希望我们成为很好
的合作伙伴。

답변 감사드립니다.

7월에 열리는 전시회의 공식 명칭이 어떻게 되는지요?

전시회는 북경에서 개최되는 건가요?

전시 스케줄은 어떻게 되는지요?

기회가 된다면 저희 쪽에서도 방문하여 전시회의 분위기를 확인해보고 싶습니다.

현재 저희가 중국시장에 대해서 알아가는 과정이기 때문에 질문이 많아 죄송합니다.

귀사는 중국 내에서 저희와 처음 거래를 시작하는 업체입니다. 앞으로 좋은 사업 동반자가 되었으면 합니다.

 生词、生句

1. 官方 [guānfāng] 공식적인
   官方网站 공식사이트
2. 日程安排 [rìchéng'ānpái] 스케줄 안배
3. 麻烦您了。
   질문이 많아 죄송한 건 없습니다. 다만 귀찮게 할 뿐입니다. 따라서 对不起라고 하지 마시길……
4. 希望我们成为很好的合作伙伴。
   중국에서도 서신에서 자주 사용되는 표현입니다. 좋은 파트너가 되고 싶습니다.

潘经理收
您好!

我们已查到潘经理发送的E-mail。
我们有点不太明白, 潘经理提出的品质问题。
有如下原因:
1. 我们已经向中国和韩国的其他客户提供该产品几年了, 但从未出现过那种问题。
2. 请再检查是否因长期存放导致的品质问题。
产品刚到工厂时, 应该不会出现那种问题。
3. 我们认为贵公司的品质问题的原因在中方。
但, 给我们发送出现问题的样品, 我们会检查不良的原因。
谢谢继续支持我们的业务。

PAN 경리 귀하

안녕하세요?

PAN 경리가 보낸 메일 잘 받아보았습니다.

그런데, PAN 경리가 제기한 품질 문제에 대해 약간 이해가 잘 가지 않습니다.

그런 이유는:

1. 우리는 몇 년 동안 중국과 한국의 다른 거래선에도 판매해왔는데 그런 품질 문제가 전혀 없었습니다.

2. 장기 보관에 따른 품질에 대해 다시 한번 점검해보세요.

아마, 물건이 금방 도착했을 때에는 그런 문제가 없었을 겁니다.

3. 우리는 귀사의 품질 문제의 원인은 중국 측에 있다고 판단합니다.

그러나, 문제된 샘플을 보내주시면 우리 측에서 불량 원인을 조사해보겠습니다.

귀사와의 지속적인 업무 협력 기대합니다.

 生词、生句

1. 已查到 : 已 [yǐ] 已经의 준말

查 [chá] 检查 到 [dào] 完毕

已收到는 그냥 받았음

已查到는 받은 후 확인함

굳이 차이점을 들라면 이렇게 말하고 일반적으로 메일을 받아봄, 확인해봄의 의미로 비슷합니다.

2. 提出 [tíchū] 제시하다

提出建议。의견을 제시하다

提出意见。의견을 제시하다

한국어로 의견이라 意见을 사용해야 할 것 같으나, 의견을 말할 때는 建议, 반대 의견, 불만 의견일 경우 意见을 사용합니다.

3. 向~提供 [xiàng tígōng] ~에게 제공하다

向 (国家名称) 出口 ~ 국가에 수출하다

4. 从未 [cóngwèi] 여태까지 ~한 적 없다

대리점에 대한 요청의 건

孙经理,

您好!

谢谢您发送的E-mail。

我们对贵公司为了能够销售更多我们的产品而付出的努力, 表示感谢。

我们也会为了与贵公司的共同发展而继续努力。

我们希望了解如下事项:

1. 请告知我们贵公司明年的销售计划。

2. 贵公司所要求的保证是什么内容?

3. 如贵公司每月订购一定的量, 我们就如保证书一样, 可以签定长期合同, 贵公司希望签定这种合同吗?

4. 我们为了顺利建立明年的生产计划, 以及与贵公司协商未来市场的开发、增加数量的方案, 希望今年12月份访问贵公司, 您看如何?

请回复。

谢谢

손 경리 안녕하세요?

장 경리가 보낸 메일에 대해 감사드립니다.

우리는 귀사가 우리의 제품을 더 많이 판매하기 위한 노력에 대단히 감사드립니다.

우리는 귀사와의 사업 성공을 위해 적극적으로 노력할 예정입니다.

이를 위해 우리는 다음과 같은 사항을 알고 싶습니다.

1. 귀사의 내년 판매계획에 대한 내용을 알려주시면 감사 하겠습니다.

2. 귀사가 원하는 개런티는 어떤 내용을 원하시는지?

3. 우리는 귀사가 매월 일정 물량을 계속해서 주문하면 개런티와 같은 장기 계약을 할 수 있는데 그런 계약을 원하는 것인가요?

4. 우리는 내년 생산 계획을 순조롭게 세우고 향후 귀사와 상호 시장 개척과 물량 증대 방안 협의를 원하며 이를 위해 금년 12월 정도에 귀사를 방문하고 싶은데 어떤지요?

귀사의 답변 부탁드립니다.

감사합니다.

 生词、生句

ㅣ. 我们也会为了与贵公司的共同发展而继续努力。

우리는 귀사와의 사업 성공을 위해 적극적인 노력을 할 예정입니다.

共同发展 공동의 발전

일반적으로 파트너사와 협력하기 위해 보편적으로 많이 사용되는 구절입니다. 성공이란 말보다 발전이 일반적으로 많이 사용되는 것 같습니다.

2. 如下事项 [rúxià shìxiàng] 아래의 사항

3. 保证 [bǎozhèng] 보장(guarantee)

이런 말이 나오는 것은 아마 상대방이 대리점을 하겠다는 것 같습니다. 대리점을 하고 싶은데 영업에 있어, 혹은 장려금 등의 영업활동의 guarantee가 어느 정도 있는지 물어보는 것 같습니다.

4. 建立~ 计划 [jiànlì jìhuà] 계획을 세우다

5. 如何 [rúhé] 어떠한지

생산에 관한 문의의 건

收: 张总经理

您好!

我们收到了张总经理发送的样品。

我们计划向韩国工厂和中国工厂销售张总经理工厂生产的产品。

请回复如下事项:

1. 我们希望长期销售张总经理生产的产品, 不知张总经理是否有意向长期生产该产品。

2. 能提供给我们一个月的最多数量有多少?

另外, 最少的订购数量是多少?

3. 因该产品竞争激烈, 所以价格须低才能销售, 我们计划以最低价格销售。

4. 请告知我们张总经理提供的最优惠价格。(出厂价)

5. 如张总经理有意向供货, 我们会准备广告资料。我们计划准备宣传册、网站、视频等。

6. 请提供给我们张总经理工厂的图片、工厂设备启动的图片、营业执照图片、品质有关的资料。

(如拥有中国政府机关颁发的质保书, 请发送给我们。)

7. 请尽早回复及给我们咨询。

谢谢

장 사장님 귀하

안녕하세요?

장 사장님께서 보내준 샘플 잘 받았습니다.

우리는 장 사장님 공장에서 생산되는 제품을 한국공장과 중국공장에 판매할 계획입니다.

다음 사항에 답변 주시면 감사하겠습니다.

1. 우리는 장기적으로 장 사장님이 생산하는 제품을 판매할 계획인데, 장 사장님께서도 우리와 장기적으로 생산하실 의향은 있는지요?

2. 우리에게 공급 가능한 월간 최대 수량은 얼마나 되는지요?

그리고, 최소 주문 물량은 얼마인지?

3. 제품은 경쟁이 매우 심해서 가격이 낮아야 판매가 가능하며, 우리는 가격을 최대한 싸게 책정해 공장에 납품하려 합니다.

4. 장 사장님이 우리에게 줄 수 있는 최선의 가격을 알려주세요(공장도 가격).

5. 장 사장님이 우리에게 제품 공급할 의향이 있으면, 우리는 판매를 위한 광고자료를 제작할 계획입니다. 카탈로그, 홈페이지 및 동영상 등을 제작하려 합니다.

6. 장 사장님 공장 사진, 공장가동 사진, 영업집조 사진, 품질 관련 자료 등을 보내주세요.

(중국 정부기관에서 발급한 품질보장서 또는 품질확인서가 있으면 보내주세요.)

7. 장 사장님의 답변과 조언 부탁드립니다.

감사합니다.

 生词、生句

1. 不知~是否有意向　~한 의향이 있는지(없는지) 모르겠다

2. 最少的订购数量　최소 주문량 (最少订购量)

3. 以~销售: ~로 판매하다

　　以最低价格销售　최저가로 판매하다

4. 营业执照 [yíngyèzhízhào] 영업집조, 사업자 등록장

5. 质保书 [zhìbǎoshū] (质量保证书) 품질 보장서

6. 请尽早回复。빠른 시일 내에 회신해주십시오.

대금 수령 및 선적의 건

张总经理收
您好!

　　希望张总经理在出差中业务顺利、成功、健康!
　　如下有与张总经理签定的产品有关的付款和装船计划。
1. 有关支付货款: 我们上周五 (3月15日), 从贵公司收到
USD10000 (美元)。
不过, 我们根据张总经理要求已降低价格, 这次把价格降到
USD50, 因上述原因, 我们再次发送了US9000的形式发票。
我们将USD1000在下次一订单时, 会给您扣除。
2. 有关装船: 今天出货了, 3月17日会装船。

谢谢

장 사장님 귀하

안녕하세요?

장 사장님의 출장 중 사업이 순조롭게 성공되고 건강하시길 바랍니다.

아래 장 사장님과 계약한 제품에 대한 대금 결제 및 선적 계획에 대한 내용입니다.

1. 대금 결제에 관해: 우리는 지난주 금요일인 3월 15일 귀사로부터 10,000달러를 받았습니다.

그런데 우리는 장 사장님의 가격 인하 요청에 따라 이번 경우 50달러로 가격을 인하하여 Proforma Invoice를 9,000달러로 재발급했습니다.

우리는 가격 인하된 1,000달러를 다음 번 주문 시 공제해드리겠습니다.

2. 선적에 대해: 물품은 오늘 공장에서 출고되었으며 3월 17일 출항하는 배에 선적됩니다.

감사합니다.

 生词、生句

1. 业务顺利 [yèwù shùnlì] 업무가 순조롭게 진행되다

2. 付款 [fùkuǎn] 支付货款의 준말, 물품 대금을 지급하다

3. 装船 [zhuāngchuán] 선적하다

   ↔ 卸船 [xièchuán] 하역하다

4. 根据 [gēnjù] ~에 따라

5. 降低价格 [jiàngdī jiàgé] 가격을 내리다

   ↔ 提高价格 [tígāo jiàgé] 가격을 올리다

6. 因上述原因 위에 언급된 원인으로

   한국어 문장 속에 빠진 원인관계의 부연설명을 중국어에서는 하는 것이 좋습니다.

7. 扣除 [kòuchú] 공제하다

8. 我们将USD1000在下次一订单时，会给您扣除。

   여기서 将은 把의 의미, 즉 USD1000을 다음 번 주문 시에 공제해주겠다.

9. 出货 [chūhuò] 출하하다

제품가격 변동의 건

您好!

非常感谢对我们公司产品的关心和支持。

希望贵公司采用本公司的产品, 能够成功开发出新产品。

我们想了解与贵公司的张总工程师协商的有关新产品开发的进展情况。

从本公司的北京职员处了解到, 贵公司还在等待客户的反应。

因我们担心目前的世界经济及中国经济不景气的影响, 所以这次我们调整了市场销售政策, 内容是以降低产品价格, 来让更多的客户享受本公司产品。

另外正在核实, 如贵公司能够和我们进行交易, 我们将会给贵公司提供更优惠的价格。

根据贵公司的交易数量, 我们会提供价格优惠方案。

希望了解贵司的意向, 如告知我们贵司的购买数量, 我们会提供更改后的价格。

请尽早回复。

谢谢

안녕하세요?

그동안 우리 제품에 관심을 가져주셔서 진심으로 감사드립니다.

우리는 우리 제품을 활용하여 개발 중인 귀사의 제품이 성공하기 기원합니다.

우리는 현재 귀사 장총공정사와 상담했던 신제품 개발에 대한 업무 진행상황을 알고 싶습니다.

우리 회사 북경 직원에 의하면, 귀사는 아직 고객의 반응을 기다리고 있다고 들었습니다.

우리는 현재 세계경기와 중국경기의 부진을 염려하고 있습니다.

하여, 이번에 우리는 시장의 가격정책을 바꾸어 우리 제품의 가격을 싸게 공급하여 고객이 많이 사용할 수 있도록 하는 판매정책을 시행하기로 결정했습니다.

이와 더불어 우리는 귀사가 우리와 거래할 수 있다면 다른 거래와 달리 귀사에게 특별한 가격 혜택 정책을 드리려 하고 있습니다.

우리는 귀사와의 거래 가능 물량에 따라 가격 우대정책을 드릴 수 있습니다.

따라서, 우리의 제안에 대해 귀사의 의향을 알려주시면 대단히 감사하겠으며 귀사의 구매 가능 물량을 알려주시면 우리의 변경된 가격을 알려드리겠습니다.

귀사의 답변을 기대합니다.

감사합니다.

生词、生句

1. 非常感谢对我们公司产品的关心和支持。
   우리 회사 제품에 관심을 가져주시고, 지원해주셔서 감사드립니다.
   회사 소개에서 항상 사용되는 문장입니다.

2. 采用〔căiyòng〕采纳应用 : 채택하다, 사용하다

3. 能够成功开发
   아직 개발되지 않았기 때문에 能够를 삽입합니다.

4. 经济不景气〔jīngjìbùjǐngqì〕경기가 좋지 않다

5. 以降低产品价格，来让更多的客户享受本公司产品。
   以~来~ ~로써, ~하게 하다
   즉 가격을 낮추어, 더 많은 고객들이 우리 제품을 사용하게 하다

방문 메일 1

朴总：

我预定这个月底出差釜山，希望届时能到贵公司访问。

我预计在8月20日或其前后抵达釜山，大约停留1周。若方便，望你能抽出时间在8月22或23日与我见面。如这两天都不行，请以电子邮件回复并告知其他日期。

再次谢谢你的大力支持，期待不久在釜山与你见面！

北京贸易公司
李白

박 사장님

저는 이번 달 말에 부산에 출장을 가는데, 그때 귀사에 방문할 예정입니다.

저는 8월 20일 혹은 그 전후에 부산에 도착하여 일주일 정도 머물 예정입니다.

만약 괜찮으시다면 8월 22일이나 23일 중 하루 만날 수 있으면 매우 감사하겠습

니다. 두 날 다 편하지 않은 경우 이메일로 괜찮은 다른 날을 알려주시기 바랍니다.

다시 한번 지원해주셔서 감사드리며, 부산에서 만나 뵙기를 기대하고 있습니다!

북경무역회사

Li Bai

 生词、生句

1. 预定 〔yùdìng〕 예정이다

2. 抵达 〔dǐdá〕 도착하다, 도달하다

3. 告知 〔gàozhī〕 알리다, 알려주다

4. 不久 〔bùjiǔ〕 머지않아, 곧

　　本公司的总经理、负责中国的科长、营销部长（共3名）为拜访贵公司以及参加展览会将在10月9日至13日在上海停留。

　　飞机的日程如下:

　　航班名称: KE854

　　出发: 首尔10月9日, 下午3点

　　到达: 上海浦东机场, 10月9日, 下午4点

　　按上述的日程, 请帮我们预约在贵公司附近的酒店（2间房, 4天3夜）

　　附件有护照副本。

谢谢

우리 회사 사장님, 중국 담당 과장님, 마케팅 부장님(모두 3명)이 귀사의 방문 및 전시회 방문차 10월 9일부터 13일까지 상해에서 머무를 예정입니다.

비행기 예정은 다음과 같습니다.

비행기 편명: KE854

출발: 서울 10월 9일, 오후 3시

도착: 상해 푸동 공항 10월 9일, 오후 4시

이 예정에 따라서 귀사와 가까운 호텔에 방 2개를 3박으로 예약해주시면 감사하겠습니다.

아래 첨부파일에 여권 사본 보내드립니다.

감사합니다.

生词、生句

1. 科长 [kēzhǎng] 과장

2. 拜访 [bàifǎng] 방문하다

3. 展览会 [zhǎnlǎnhuì] 박람회

4. 停留 [tíngliú] 머물다

5. 飞机 [fēijī] 비행기

6. 日程 [rìchéng] 일정

7. 预约 [yùyuē] 예약하다

尊敬的李经理

　　我们总经理将于6月4日到8日到深圳出差，他会参观那套样板间并希望与贵公司协商装饰方案有关事宜，请抽出时间陪同及安排时间开会。
　　请告知这个时间对您是否方便。如不方便，请建议具体时间。

商祺

海外事业部
洪吉东

존경하는 이 경리님

　　우리 사장님이 6월 4일부터 8일까지 심천으로 출장 가십니다. 거기서 모델하우스를 참관하시고 귀사와 인테리어 방안을 논의하고 싶어 하십니다. 시간을 내주셔서 동행해주시고 회의를 열어주시기 바랍니다.

　　이 시간이 괜찮은지 알려주세요. 만약 그때 시간이 불편하시다면 다른 시간을 말씀해주시기 바랍니다.

　　감사합니다.

해외사업부

홍길동

 生词、生句

1. 样板间 〔yàngbǎnjiān〕 모델하우스
2. 装饰 〔zhuāngshì〕 인테리어
   * 装修 〔zhuāngxiū〕 인테리어
3. 陪同 〔péitóng〕 수행하다, 동반하다

방문 시간 변경 요구

陈经理

我非常抱歉地通知您，我们原定于6月20日访问贵公司洽谈需要改期。

昨天我收到预备军训练通知书，须得参加预备军训练，因此我在6月20日前后3天到训练场。

关于我们约定的会面，我一回到首尔会尽快与您联系。初步定在6月25日。希望届时能与您会面。

礼！

진 경리님

너무나 죄송스러운 통지를 보내드립니다. 원래 6월 20일 귀사를 방문할 예정이었는데 시간을 바꾸었으면 합니다.

어제 예비군 훈련 통지를 받았습니다. 해서 6월 20일 전후로 3일간 훈련장에 있을 겁니다.

저의 출장에 대해서는 아마 서울에 도착한 후 다시 연락을 드리겠습니다. 아마 6월25일 정도로 될 것 같습니다. 그때 뵙겠습니다.

生词、生句

1. 抱歉 [bàoqiàn] 미안하게 생각하다, 죄송합니다
2. 改期 [gǎiqī] 기일을 변경하다
3. 预备军训练 [yùbèijūnxùnliàn] 예비군 훈련
4. 届时 [jièshí] 그때가 되다, 정한 기일이 되다

가격 인하 요청에 대한 답변

潘总经理 收
您好！

　　如下是有关潘总经理要求下调 PE 产品价格的回复:

1. PVC产品的生产成本与PE产品相比, 有USD10/kg以上的差异。我们希望通过和贵公司的合作, 达到共同的发展, 我们以与贵公司有友好合作发展为目的, 将价格只提高USD5/kg。

2. 我们已告知贵公司USD100/kg的价格, 因贵公司要求尽早生产, 所以我们现在已生产完毕。

另外, 为了尽早生产下一个订单, 正在准备生产。

3. 我们也考虑到潘总经理的立场, 但是这次真的没有办法再降低价格了, 不过我们最终决定另外再给您数量 (5%), 请多多理解。

4. 请参考一下, 应在1月20日前支付, 1月30日才能正常出货, 之后在2月1日可装船。

请回复。

PAN 사장님 귀하

안녕하세요?

PAN 사장님이 요청한 제품의 가격 인하에 대한 답변입니다.

1. PVC제품의 생산 원가는 PE 제품과 비교할 때 USD10/kg 이상의 차이가 있습니다.

우리는 귀사와의 합작사업을 통해 상호 발전을 희망하고 있으며, 따라서 우리는 귀사와 우호적인 관계를 희망하여 가격을 USD5/kg만 올린 것입니다.

2. 우리는 이미 귀사에게 USD 100/kg을 통보하고, 귀사는 생산을 빨리 해달라고 요청을 하여 우리는 생산을 완료하였습니다. 또한, 차기 주문도 빠른 납기를 위해 생산을 준비 중에 있습니다.

3. 우리는 PAN 사장님의 입장을 감안해서 이번 주문의 경우 가격 인하는 어렵고 그 대신 물건을 5% 더 선적해드릴 예정이니 양해해주시기 바랍니다.

4. 참고로, 1월 20일까지 송금되어야 1월 30일에 물건이 공장에서 출고되고 2월 1일 배에 선적됩니다.

답변 바랍니다.

 生词、生句

1. PVC产品的生产成本与PE产品相比, ~

~과 비교했을 때

구어체: PVC产品比PE产品更贵。

문어체: PVC产品与PE产品相比, PVC产品价格更高。

2. 我们以与贵公司有友好合作发展为目的,

以~为目的: ~이 목적인

以~为基础: ~에 기초한

3. 另外再给您数量

另外: 여기서는 '추가로'의 의미

4. 正常出货 [zhèngcháng chūhuò]

이 부분도 약간의 강조가 들어간 표현입니다.

정상적으로 출하된다. (앞에 언제까지 대금지불을 해야지만 정상적인 출하가 가능하다)

샘플 발송 및 선적 통지

(1)

样品每种会取10只发送, 样品费用20元, EMS运费20元, 共40元。邮件中会附有报价单一张。样品费请打入支付宝账户abcde@123.com。

(2)
您好!

样品已经安排制作完成并安排今天联邦快递寄出, 麻烦告诉我贵公司所在地的邮编, 以方便寄送。

(3)
您好!
1. 在与贵公司签定的100箱的ABC产品中, 剩余量50箱按如下装船:
   - 数量: 50箱
   - 船舶名称: 孙兴3E
   - 仁川港启航日: 11月5日
   -上海港到达日: 11月9日
2. 有关支付的货款:
   -总货款: U$15,000
   -首付款: U$8,000 (已收到的金额)
   -本次支付的货款: U$ 7,000
   -本次由贵公司支付的金额是 U$7,000, 请尽快汇款支付。
   -附件1. 装船文件

(1)

　샘플은 종류별로 10개씩 발송되며, 샘플비용 20위안, EMS운송비 20위안, 모두 40위안입니다. 우편에는 가격표 1장이 포함되어 있습니다. 샘플비용은 abcde@123.com으로 Zhi fu bao(Alipay) 계좌로 보내주시기 바랍니다.

(2)

　안녕하십니까!

　샘플은 이미 제조 완성되었으며, 오늘 Lian Bang 택배로 보낼 겁니다. 괜찮으시다면 우리한테 귀사 주소의 우편번호를 가르쳐주시기 바랍니다.

(3)

　안녕하세요?

　1. 귀사와 계약한 ABC 제품 100박스 중 잔량 50박스가 다음과 같이 선적됩니다.

　– 수량: 50박스

　– 선박명: Sun xing 3E

　– 인천항 출항일: 11월 5일

　– 상해항 도착: 11월 9일

　2. 물품 대금 송금에 관해:

　– 총 물품대금: 15,000달러

　– 계약금: 8,000달러 (이미 수취한 금액)

　– 금번 송금할 금액: 7,000달러

　– 이번에 귀사가 송금할 금액은 7,000달러이니, 조속히 송금해주시기 바랍니다.

　– 첨부 1. 선적서류

 生词、生句

１. 剩余量 [shèng yú liàng] 잔여량

２. 启航日 [qǐ háng rì] 출항일

３. 到达日 [dàodá rì] 도착일

４. 首付款 [shǒufùkuǎn] 선급금, 계약금

５. 汇款 [huìkuǎn] 송금하다

샘플 발송 및 부가 설명

刘经理 收

您好！

我们会在这周五以EMS特快发送 ABC型号的样品(已报价)。

本样品包装内含有A、B、C 等型号。

这些配件是提供产品时无偿提供的配件。

据了解，台湾产不含上述配件。

我们希望尽快接收2000台的首次少量的订单。

另外，因上次贵司提出会订购10,000台，所以在四川省除了贵司外，不会提供给其他的公司。

如贵司在1年内进口50,000台以上，我们会计划向贵司提供独家销售权。

如用中文回复，我们能更快沟通。

谢谢

류 경리님에게

안녕하세요.

가격 제시한 ABC모델 샘플을 이번 주 금요일 EMS 특급우편으로 발송하겠습니다.

본 샘플에는 A, B, C 모델 등이 함께 있습니다.

이런 액세서리는 제품 공급시에 항상 무상으로 공급되는 것입니다.

아마, 대만제는 그렇지 않을 것입니다.

빠른 시일 내에 2,000대의 소량 오더부터 접수하고 싶습니다.

더불어 금년은 10,000대 발주하신다고 했으니, 사천성에는 귀사 말고는 공급하지 않겠습니다.

만일, 귀사에서 연간 50,000개 이상 수입하면 중국 전체 독점판매권을 부여할 수 있도록 검토할 생각입니다.

중국어로 저에게 이메일을 직접 보내시면 더욱더 빨리 회신할 수 있습니다.

감사합니다.

 生词、生句

1. 包装内含有 포장 안에 ~을 포함하다

2. 配件 [pèijiàn] 부속품, 액세서리

3. 这些配件是提供产品时无偿提供的配件。

   항상 주어와 서술어는 일치시켜야 합니다.

   无偿提供 무상 제공되는

4. 据了解 [jù liǎojiě] ~아는 바에 의하면, ~

5. 据了解, 台湾产不含上述配件。

   대만제는 그렇지 않을 것입니다.

89

ABC TRADE

收: 各位货主

有关2018年6月20日通关的货物, 按如下通告:
首先对这次延迟货物运输通关, 表示歉意。
因6月20日在大连港进行严格检查, 所以我们不得不在其他港口进行通关。
但因为大连港的海关追踪此船舶的其他货物, 所以结果影响了我们的货物。
本公司为了顺利运输各位的产品, 不得不将货物搬运到其他地方, 确认能否安全通关, 之后开始顺次进行内陆运输。
因此, 我们延迟了约3日的时间, 但每家货物已通关完毕并开始安全运输, 请放心。
再次对货物运输的延迟表示歉意, 我们为了不影响各位货主的业务, 会尽力配送。

谢谢

ABC TRADE

ABC TRADE

수신: ABC TRADE 각 화주

2018년 6월 20일 통관 완료된 화물에 대하여 화주님들께 안내 말씀드립니다.

이번에 통관된 화물의 배송시간이 지연됨에 따라 화주님들께 사과의 말씀을 드립니다.

6월 20일 대련항으로 통관 중 화물의 대대적인 검사로 인하여 부득이하게 다른 항으로 이동하여 통관하게 되었습니다.

그러나 다른 회사의 통관 제품 중 일부분이 통관 후 세관직원에게 추적되어, 화주님들의 업무 및 회사까지 영향을 미치는 일이 발생하였습니다.

우리 회사는 제품의 순조로운 운송을 위해, 일단 화물을 다른 곳으로 이동 후 안전 여부를 확인하였고, 그 후 순차적으로 내륙 운송을 하고 있습니다.

하여, 이러한 이유로 원래 배송예정 시간보다 약 3일 정도 지연되었습니다. 하지만 물품은 이미 통관되었으며, 운송도 시작하였으니 안심하시기 바랍니다.

운송시간이 늦어진 점에 대해서 다시 한번 사과의 말씀을 드리며 빠른 배송을 약속드리겠습니다.

감사합니다.

 生词、生句

1. 货主 [huòzhǔ] 화주
2. 按如下通告
(1) 通告 [tōnggào] 사회적으로 준수해야 하는 혹은 주지해야 하는 사항을 공고(일반적 기업에서 공고)
(2) 公告 [gōnggào] 중요한 사항 혹은 법정 사항의 선포, 공고(정부, 신문사 등의 기관에서 공고)
(3) 通知 [tōngzhī] 일반적 전달(아직 발생하지 않은 구체적 업무 의견, 방법, 사항의 통지)
(4) 通报 [tōngbào] 이미 발생한 사실의 통보(사상, 교육적 내용의 통보)
3. 追踪 [zhuīzōng] 쫓다, 추적하다
4. 顺次 [shùncì] 순차적으로
5. 延迟 [yánchí] 지연하다

질문에 대한 답변의 메일

许总经理 收
您好!
我们已收到许总经理发送的E-mail, 按如下内容回复:
1. 感谢有关ABC的订购计划。
我们向刘先生提供的价格, 是只给您提供的优惠价。
考虑到最近的中国经济情况、与许总经理的友好协助关系, 我们无法再降低价格, 但我们可赠送另外数量。

2. 如下是许总需要的有关ABC产品规格的回复。
请与客户检查确认, ABC产品尺寸是否10X28。
我们可生产上述规格的产品。
敬请回复。

허 사장님 귀하

안녕하세요?

허 사장님께서 보내신 메일 잘 받았으며, 답변을 다음과 같이 드립니다.

1. ABC의 주문 계획에 대해 감사드립니다.

이미 우리가 허 사장님에게 드린 가격은 허 사장님에게만 드리는 우대 가격입니다.

하오나, 최근의 중국 경기를 감안하고 허 사장님과의 우호적인 협력 관계를 감안해 가격은 더 이상 깎아드릴 수 없는 대신 물량을 더 선적해드리겠습니다.

2. 허 사장님이 원하는 ABC 제품 규격에 대한 답변입니다.

고객에게 확인하시어 요구하는 ABC제품의 사이즈가 10X28인지 확인해주세요.

우리가 이 규격은 생산할 수 있습니다.

허 사장님의 회신을 기다리겠습니다.

 生词、生句

1. 只给您提供的优惠价

优惠价 [yōuhuìjià] 우대가격

2. 友好协助关系

协助 [xiézhù] 협조하다, 합작하다(서로 도와줌)

帮助 [bāngzhù] 도와주다(일방적으로 도와줌)

3. 考虑到最近的中国经济情况、与许总经理的友好协助关系

주의 : ' 、'(顿号) 병렬적 관계에 있는 단어 사용시 모두 ' 、'를 사용해야 합니다.

ex) 本产品已向美国、日本、欧洲国家出口。

본 제품은 이미 미국, 일본, 유럽 등지에 수출되었다.

4. 客户 [kèhù] 고객

* 客户 [kèhù] 큰 개념의 고객, 즉 client의 의미로, 기업, 회사가 대상이며,

顾客 [gùkè] 작은 개념의 고객, 즉 customer의 의미, 일반 소비자

합작 추진 전 질문의 건

张经理收

您好！
有关ABC产品的合作业务：
我们为了与贵公司促进合作业务，1月预计发送产品的样品。
为了与贵公司顺利合作，请告知我们如下事项：
   (1) 作为样品需要的最少数量。
   (2) 贵公司所需要的合作方式。
   (3) 与ABC产品生产厂的合作方式。
   (4) ABC产品生产厂的设备现况、技术水平、可生产的数量（最少数量及最多数量）、生产费用、工厂现况。
   (5) 贵公司和工厂所需要的详细促进计划。
我们会研究上述的信息，之后建立未来的促进计划。

谢谢

장 경리 귀하

안녕하세요?

ABC제품의 합작 사업에 대해:

우리는 귀사와 합작 사업을 추진하기 위해 오는 1월에 샘플을 보낼 예정입니다.

귀사와 합작 사업을 위해 다음 사항을 알려주시면 감사하겠습니다.

(1) 샘플용으로 필요한 최소수량

(2) 귀사가 원하는 합작 방식

(3) ABC제품 제조 공장과의 합작 방식

(4) ABC제품 제조 공장의 시설 현황, 기술 수준, 생산 가능 수량(최소 수량 및 최대 수량), 생산비용, ABC제품 제조 공장의 현황

(5) 귀사 및 공장이 원하는 세부 추진 계획 등

우리는 상기 정보를 검토하여 향후 추진 계획을 수립하려 합니다.

감사합니다.

 生词、生句

1. 合作方式 [hézuò fāngshì] 합작 방식, 파트너십 진행 방식
   * 참고
   代理商 [dàilǐshāng] : Commercial agent, 즉 대리권을 갖는 agent. 대리권에는 판권, 수권, 브랜드 대리권 등이 있으며, 일정한 권리가 있으며, 의무가 부여됨.
   经销商 [jīngxiāoshāng] : Distributor, 일반 유통, 판매상, 판매대리는 있으나, 의무 부여 정도가 낮음.
   OEM (Original Equipment Manufacture, 原产地委托加工) : 贴牌生产, 즉 수탁자는 생산만 관여
   ODM (Original Design Manufacture, 原始设计商) : 생산자가 제품 디자인과 생산까지 전부 관여

2. 技术水平 [jìshùshuǐpíng] 기술 수준

3. 可生产的数量 생산 가능 수량
   * 生产能力 [shēngchǎnnénglì] 생산능력(capacity)

지인 소개

　　我给你介绍一下金昌浩先生，他是我最好的朋友，并且是我多年的生意合作伙伴。

　　金先生最近被任命为韩国一流的玩具制造商ABC玩具的国际销售部部长。ABC公司需要扩大海外市场。金先生目前正在寻找中国市场的渠道。因我跟他介绍了您和您的业务有关信息，因此他盼望认识您。

　　他预计6月初要去你那里，我为你们顺利见面而给您发邮件。希望您帮助他。

谢谢

顺颂
商祺！

洪吉东
销售部经理
2018年3月13日

가까운 친구이며 다년간 사업동료인 김창호 씨를 소개합니다.

김 씨는 최근 한국의 일류 완구 메이커인 ABC의 국제판매부장에 임명되었습니다. ABC는 해외 운영의 확장을 시도하고 있는 것 같습니다. 김 씨는 중국시장의 진출로를 찾고 있습니다. 당신과 당신의 사업 성공에 대해서 이야기했던 바, 꼭 만나고 싶다고 합니다.

그는 6월초 그쪽으로 갈 예정이므로 곧 약속을 잡기 위해 이메일을 드릴 것입니다.

그를 위해서 뭔가 해주실 수 있으면 감사하겠습니다.

감사합니다.

홍길동
영업부 경리
2018년 3월 13일

生词、生句

1. 并且 [bìngqiě] ~이며(~일 뿐만 아니라, 게다가)
2. 制造商 [zhìzàoshāng] 제조상
3. 玩具 [wánjù] 장난감, 완구
4. 因~因此 [yīn~yīncǐ] ~해서 ~하다

거래처 소개

　　美芝国际是一家专业向中国出口的贸易公司。弊公司重要的客户之一"三日商社"希望成为贵公司在杭州的代理商。

　　有关这件事情, 请您联系一下金先生。地址如下:

大韩民国 首尔特别市中区 南大门路4街

三日商社

代表: 金东秀

　　因金先生经常去中国出差, 所以他能直接去贵公司与贵公司洽谈, 希望您们能够谈单相互共赢的合作方案。

미지 인터내셔널은 중국 수출을 전문으로 하는 무역회사입니다. 저희의 중요한 거래처의 하나인 삼일상사가 귀사의 항주 대리점이 되고 싶다는 뜻을 표명했습니다.

이 건에 관해서 김 씨에게 연락을 취해주시면 고맙겠습니다. 주소는 다음과 같습니다.

대한민국 서울특별시 중구 남대문로 4가

대표 김동수

김 씨는 중국에 자주 출장하기 때문에 귀사와 만나 상호 이익이 되는 항목을 의논할 수 있을 것입니다.

 生词、生句

1. 成为 [chéngwéi] ~가 되다, ~(으)로 되다
2. 如下 [rúxià] 다음과 같다, 아래와 같다
3. 合作 [hézuò] 합작하다, 협력하다
4. 方案 [fāng'àn] 방안

부품 교환에 대한 회신

收: 张总经理

您好!

　　我看在寒冷的天气变暖的同时, 全球经济也与去年相比会好得多。但是没有想到中东国家的动荡又冲击了全球, 难以预测以后经济的走向趋势。加之中国政府施行遏制物价措施及提高利率, 会引起经济的放缓。

　　韩国因原材料依靠进口, 因此部件材料的价格越来越高。

　　我们希望全球经济越是困难, 我们和贵公司的合作越紧密, 最终能够一起克服困难。

　　据说许多顾客要求更换机械部件。因为部件种类不同, 在机械维护方面有种种困难, 所以更换部件不是简单的事宜, 请多谅解。

　　根据张总的要求, 我们更换2台机械的部件。为进行更换部件的需要, 会需要电子技术人员、我本人、翻译人员 (如无需翻译人员, 是2人)。

　　我们将在5月15日~18日自行带去所需要更换的部件。

　　另外贵公司订购的4台中, 2台机械将5月16日装船, 5月17日到天津港。另外2台机械将在5月18日装船。

　　如有正在进行的合同, 请让我们了解及提前准备。

　　　　　　谢谢

장 총경리님

안녕하십니까?

매서운 추위가 수그러지고, 세계경제도 작년보다 많이 좋아졌습니다. 하지만 중동의 동요로 전 세계가 다시 안 좋아지고 어떻게 될지 가늠하기 힘들어졌습니다. 게다가 중국정부도 물가를 잡는 정책을 내놓고 이율도 올려 경제가 주춤하고 있습니다.

한국은 원자재를 수입에 의존하고 있어, 부품 가격이 계속 오르고 있습니다.

귀사의 고객들이 부품 교환을 요청한다고 들었습니다. 부품들의 종류가 달라, 유지 보수적으로 어려움이 많습니다. 부품 교환이 간단한 문제가 아님을 큰 이해 바랍니다.

장 총경리님의 요구대로, 2대의 기계부품을 교환하려 합니다. 교환에는 기술인원, 저, 통역이 필요합니다. (통역이 필요 없으시면 2명)

저희는 5월 15일~18일 교환할 부품을 가지고 가겠습니다.

그 외 귀사에서 주문한 4대 제품 중 2대는 5월 16일에 선적하여 17일에 천진항에 도착할 예정이고, 나머지 2대는 5월 18일에 선적할 예정입니다.

현재 진행 중인 계약이 있다면 저희한테 알려주셔서, 준비할 수 있게 해주시기 바랍니다.

감사합니다.

 生词、生句

1. 寒冷 〔hánlěng〕 한랭한
2. 与去年相比 작년과 비교해서
3. 动荡 〔dòngdàng〕 불안하다, 동요하다
4. 冲击 〔chōngjī〕 충격
5. 难以预测 〔nányǐ yùcè〕 예측하기 힘들다
6. 走向趋势 〔zǒuxiàng qūshì〕 흐름의 추세
7. 加之 〔jiāzhī〕 게다가
8. 遏制物价 〔èzhì wùjià〕 물가를 억제하다
9. 放缓 〔fànghuǎn〕 주춤하다
10. 依靠 〔yīkào〕 의존하다
11. 提前 〔tíqián〕 사전에

가격 인상

董经理
您好!

如下是董经理在12月1日发信的回复。

我们对于董经理要求的100箱价格, 考虑到董经理的立场, 会按如下交易条件进行。

1. 因成本的上升, 所以没有利润, 但订购100箱时也以U$50/BOX CIF上海为条件提供。

但, 支付条件是: 50% 预付款, 50%是在装船时支付。

2. 请确定这次的订购量。

3. 因成本的上涨, 所以明年须提高价格, 请董经理参考一下, 再与客户协商时适当提高的价格。

请回复。

谢谢

동 경리

안녕하세요?

동 경리가 12월 1일 보낸 메일에 대한 답변입니다.

우리는 동 경리님이 요청하신 100박스 가격에 대해, 동 경리님 입장을 고려하여 다음과 같은 거래 조건을 알려드립니다.

1. 우리는 원가 상승으로 인해 비록 이익은 거의 없지만 100박스 주문 시에도 U$50/BOX CIF상해로 제공하겠습니다.

단, 결제 조건은 50% 선수금과 50%는 선적 후 결제 조건입니다.

2. 금번 주문량을 확정해주시면 감사하겠습니다.

3. 우리는 원가 상승으로 인해 내년에는 부득이 가격을 인상해야 되니, 동 경리님의 고객과 상담 시 참조해주시기 바랍니다.

귀사의 회신을 기다립니다.

감사합니다.

 ## 生词、生句

ㅣ. 考虑~立场 [kǎolǜ~ lìchǎng] ~의 입장을 고려하여

2. 按如下 아래와 같이

3. 成本 [chéngběn] 원가

4. 以~为条件 ~을 조건으로

5. 须 (必须) [bìxū] 반드시

* 수출입관련 서류

报价单 [bàojiàdān] : quotation

销售合同 [xiāoshòuhétong] : sales contract

海上运输提单 (提单) [hǎishàngyùnshū tídān] : bill of lading

估价发票 [gūjiàfāpiào] : pro-forma invoice

商业发票 [shāngyèfāpiào] : commercial invoice

装船单 (装箱单) [zhuāngchuán dān] : packing list

检验证明书 [jiǎn yàn zhèng míng shū] : inspection certificate

保险单 [bǎoxiǎndān] : insurance policy certificate

产品检测报告 [chǎnpǐn jiǎncè bàogào] : product testing report

가격 인하 불가 해결방안

董经理收
您好!
　　我们已了解董经理发送的书信内容, 对于要求降低价格, 如下是回复:

1. 我们对董经理继续订购产品, 表示衷心的感谢。
我们在品质和交货期方面, 为了让贵公司满意, 会继续投入最大的努力。

2. 我们曾经解释过, 目前的情况下, 因ABC的生产成本高, 所以价格无法再降低。但是我们考虑到贵公司持续购买, 以及增加了定购量, 所以我们按如下调整价格:
　(1) 订购500箱以上时: USD50/BOX CIF
　(2) 订购500箱以下时: USD55/BOX CIF

3. 交货期: 签定合同后的15日内可装船。
请告知我们贵公司确切的订购信息。

谢谢

동 경리 귀하

안녕하세요?

동 경리가 보낸 메일 잘 이해했으며 가격 인하 요청에 대해 다음과 같이 회신합니다.

동 경리님의 계속적인 주문에 대해 감사드립니다.

1. 제품의 품질과 납기와 관련하여 귀사를 만족시키기 위해 최대한 노력하겠습니다.

2. 이미 설명드렸듯이 우리는 ABC의 생산 원가가 많이 소요되어 가격 인하를 해 드리기가 매우 어려운 실정입니다. 하오나 귀사의 지속적인 주문과 향후 주문 물량의 증대를 감안하여 다음과 같이 특별히 가격을 인하해드리겠습니다.

(1) 500BOX 이상 주문 시 : USD50/BOX CIF

(2) 500BOX 이하 주문 시 : USD55/BOX CIF

3. 납기 : 계약 후 15일 내 선적 가능

귀사 주문에 대한 확정된 답변을 부탁드립니다.

감사합니다.

 生词、生句

1. 降低价格 〔jiàngdī jiàgé〕 가격을 내리다
2. 表示衷心的感谢 진심으로 감사함을 표시하다
3. 投入最大的努力 최대한 노력을 기울이다
   投入 〔tóurù〕 투입하다, 개시하다, 몰두하다
4. 解释 〔jiěshì〕 해석, 설명하다
5. 无法 〔wúfǎ〕 ~할 수 없다. 구어의 没有办法
6. 定购量 〔dìnggòuliàng〕 구입량
   订购 : 订 → 预订 즉 예상 구매(미래에 구매할)
   定购 : 定 → 确定 즉 확정 구매(이미 구매한)
7. 调整价格 〔tiáozhěngjiàgé〕 가격 조정
8. 确切 〔quèqiè〕 확정적인, 확실하다

상대의 정보 요청

您好！

我是昨天晚上与您通电话的洪吉东。

我们公司是专业进出口农产品、海鲜产品、加工品的贸易公司（株）ABC，位于韩国釜山。

本公司正在进行多方面的业务，其中有向中国、香港、台湾、其他亚洲等地出口韩国食品的业务。

偶然的机会，香港的熟人向我们提供了您的联系方式。

附件有我们公司出口的韩国食品单价和产品明细。

另外，如下有我们公司希望了解贵公司的事项。

如方便，请回复如下的问题：

1. 贵公司的信息
（公司名称、公司地址、主要业务、公司网址、营业执照号码）
2. 贵公司目前是否进口韩国食品？
（如已进口其他产品，请告知我们贵公司进口哪些产品。）
3. 请告知我们贵公司对哪些韩国食品感兴趣。
4. 贵公司进口韩国食品后直接零售还是向其他经销商销售？

● 希望以后以E-mail联系有关业务内容。

안녕하세요.

저는 어제 저녁에 전화로 인사드렸던 홍길동이라고 합니다.

저희 회사는 농. 수산물 및 가공품을 전문적으로 수출입하는 무역회사 ABC주식회사라고 하고, 한국 부산에 있습니다.

저희 회사는 여러 방면으로 사업을 진행하고 있으며, 그중 한국식품들을 중국, 홍콩, 대만 및 아시아 지역으로 수출하고 있습니다.

우연한 기회에 홍콩 지인 분이 귀사를 소개해주어서 이렇게 연락을 드립니다.

저희 회사가 취급 가능한 한국 식품들의 단가 및 제품 리스트를 보내드리도록 하겠습니다.

그리고 아래는 저희 회사가 귀사에 대해서 궁금한 사항들을 열거하였습니다.

실례가 안 되신다면 아래 문의 사항을 확인 후에 회신해주시면 감사하겠습니다.

1. 귀사의 정보

(회사명, 회사주소, 주요사업, 홈페이지 주소, 사업자등록증 번호)

2. 귀사에서는 현재 한국 식품을 수입하고 있는지 알려주세요.

(수입을 하고 있다면, 어떤 제품을 수입하고 있는지 알려주시면 감사하겠습니다.)

3. 한국 식품들 중에서 귀사에서 관심을 가지고 있는 제품들은 어떤 것인지 알려주시기 바랍니다.

4. 한국 식품들을 수입해서 직접 판매하시는지 아니면 중국 내 다른 판매처로 공급하시는지 알려주시기 바랍니다.

● 앞으로 공식적인 업무 관련 내용은 메일로 연락하였으면 합니다.

 生词、生句

ㅣ. 向中国、香港、台湾、其他亚洲等地出口

　　等地 ~ 등의 지역, 이때에는 国家라고 쓰시면 안 됩니다. 홍콩, 대만은 중국에서 인정하는 국가가 아니기 때문입니다.

2. 农产品 [nóngchǎnpǐn] 농산품

3. 海鲜产品 [hǎixiān chǎnpǐn] 해산물

4. 位于 [wèiyú] ~에 위치하다

5. 附件有 [fùjiànyǒu] 첨부파일로 ~을 드립니다.

6. 如方便 괜찮으시면

(1)
您好!
　　很高兴收到贵司的来函, 我们会在这两天准备好样品。

(2)
你好!
　　很高兴收到你的邮件。
　　请查收我给你邮件的报价单。
　　每款套装产品以免费提供10pcs样品, 快递费需要贵司支付,
大概USD50
祝
商祺

(3)
　　谢谢您的询盘。样品可以寄的, 但是快递费需要贵司承担, 请
确认, 谢谢!

(4)
　　把INVOICE中的价格条款加上运费由FOB Shanghai改成
CNF Shanghai, 盖上印, 彩色扫描后发邮件给我。

(1)

안녕하십니까!

귀사의 서신을 받아 고맙게 생각합니다. 샘플은 며칠 내로 준비하겠습니다.

(2)

안녕하세요?

서신을 받게 되어 기쁘게 생각합니다.

첨부문서와 견적서 참조하시기 바랍니다.

각 SET에 10pcs의 샘플을 무료로 드립니다. 특급 우편비용은 귀사에서 부담

하시기 바랍니다. 대략 50달러일 겁니다.

Best Regards

(3)

문의에 감사드립니다. 샘플을 보내드리나 빠른우편 비용은 귀사에서 부담하시

기 바랍니다.

감사합니다.

(4)

Invoice 중 가격 조항에 있는 운송비에서 FOB Shanghai를 CNF Shanghai

로 고치시고, 날인을 한 후, 컬러 스캔을 받아 제게 보내주시기 바랍니다.

 生词、生句

1. 来函 [láihán] 편지

2. 查收 [cháshōu] 확인하고 받다

3. 套装产品 [tàozhuāng chǎnpǐn] 세트 제품

4. 以免费提供 무료로 제공하다

5. 快递 [kuàidì] 특급 우편, 택배

6. 询盘 [xúnpán] 문의

7. 改成 ~로 바꾸다

8. 扫描 [sǎomiáo] 스캔(scan)

결제일 완화의 건

收: 尊敬的刘总经理

您好!

非常感谢您, 为了我们在韩国能够顺利地销售贵公司的产品而支持我们。

在您的支持下, 韩国的业务正在顺利进行。

本人有一事, 不知是否能够得到支持?

我们ABC公司建立已有10年。

在这10年的时间我们主要作为中介及代理。

即, 不是用我们自己的名义来直接进口和内售, 而是以中介制造商和采购商的交易, 收到中介费。

现在也是如果以本公司的名义直接进口, 会有困难。在银行开设信用证的限额也不高, 另外我们在资金方面, 无法以T/T方式汇大额的款。

目前预计交易量能够持续保持在100吨/月, 另外在促进50吨/月的交易。

上述的交易量是除了韩国化学之外的数量。

如与韩国化学成交, 韩国化学会直接开设信用证。

因此, 请您允许交易付款条件为 T/T 30days from B/L 或 D/A 30days from B/L。

为我们稍稍改变付款条件, 我们一定会遵守付款日。我们承诺, 我们作为贵公司的韩国代理, 会让贵公司满意。

请您考虑, 希望获得同意的回复。

谢谢

존경하는 류 총경리님

안녕하세요?

제가 한국에서 잘 영업할 수 있도록, 지원해주셔서 감사드립니다.

한국에서의 업무는 순조롭게 잘 진행되고 있습니다.

한 가지 부탁이 있어서 전문을 보내드립니다.

저희 ABC Company는 설립된 지 10년이 된 회사입니다.

10년간 주로 Offer Agent로 일해왔습니다.

즉 당사 이름으로 직접 수입해서 내수로 판매하지 않고, 제조사와 실구매자 간에 거래를 중재하고 커미션을 받는 형태로 일해왔습니다.

하여 지금도 당사 이름으로 실제로 제품을 수입할 수 있는 여력은 많지 않습니다.

은행에서 L/C를 개설할 수 있는 한도도 여력이 별로 많지 않고, 또 선금으로 T/T를 송금할 만큼의 여유도 충분하지 못합니다.

현재로서는 월 100톤 정도는 꾸준히 거래할 것으로 예상하며, 추가로 월 50톤 정도의 물량으로도 거래를 추진하고 있습니다.

위의 물량은 한국화학 분은 제외하고 산정한 것입니다.

한국화학과 거래가 되면, 한국화학에서 귀사로 직접 L/C를 개설할 것입니다.

이에 결제조건을 T/T 30days from B/L 혹은 D/A 30days from B/L 조건으로 결정해주실 것을 요청드립니다.

저를 믿고 결제조건을 조금 여유 있게 조정해주시면, 결제일은 반드시 지킬 것이며 또한 귀사의 한국 대리점으로서 만족할 만한 결과를 낼 것임을 약속드립니다.

긍정적인 검토와 회신을 부탁드립니다.

生词、生句

1. 在您的支持下 당신의 지지로

2. 不是~, 而是~ ~가 아니고, ~이다.

3. 保持 [bǎochí] 유지하다

4. 一定会遵守 반드시 준수하다

5. 承诺 [chéngnuò] 약속 드리다, 보장하다

6. 让贵公司满意 귀사를 만족시키다

7. 获得同意的回复 동의하는 회답을 얻다

收: 张书记

您好!

我是韩国访问团的洪吉东。

首先非常感谢您对我们韩国访问团在访问期间的热情接待。

现在我们已经回到了韩国, 感觉天气一天比一天炎热, 不知杭州是否还在下雨?

在杭州我们受到的热情招待, 我们感觉就像回到了家乡一样温暖。

我们在进行商务洽谈中, 获得了不少信息及商务机会。通过这次的洽谈, 我们希望杭州市政府也同样有所收获。

另外本人有一事, 不知是否能够得到张书记的支持? 是有关上周洽谈会上, 您提出的向杭州连锁店供应韩国产品的贸易商, 本人已经找到, 是一家规模不小的进出口贸易公司, 是能够配合该连锁店规模的供应商。

下一步, 我们需了解中方连锁店需什么类型的韩国产品。

所以我们希望通过您了解更多的有关中方连锁店的信息, 希望您能够给予帮助。

再次对您的热情招待表示感谢。

祝您身体健康

韩国商会
洪吉东

장 서기님

안녕하십니까?

저는 한국방문단의 홍길동입니다.

먼저 저희 한국방문단을 맞아, 방문기간 동안 환영해주셔서 진심으로 감사드립니다.

저는 벌써 한국으로 왔고, 지금 한국은 점점 더 더워지는 것 같습니다. 항주는 아직도 비가 내리는지요?

항주에서 환대해주셔서, 마치 고향에 온 것처럼 편안했습니다.

이번에 상담을 통해 많은 정보와 기회를 얻었습니다. 이번 상담회를 통해 항주 정부도 많은 수확을 했기를 기대합니다.

한 가지 부탁드릴 것이 있는데, 혹시 괜찮으신지요. 저번에 서기님께서 말씀하셨던 항주 프랜차이즈 상점에 한국제품을 공급할 수 있는 회사를 원하셨는데, 이번에 제가 한 업체를 찾았습니다. 규모도 상당한 편이라 항주의 프랜차이즈 상점과 잘 맞을 것 같습니다. 하여, 항주의 프랜차이즈 상점이 어떤 한국제품을 원하는지 궁금합니다. 이에 장 서기님께서 다시 한번 도와주시면 감사하겠습니다.

다시 한번 장 서기님의 환대에 감사드립니다.

건강하십시오.

한국방문단

홍길동

 生词、生句

1. **热情接待** 〔rèqíng jiēdài〕 지극한 환대

2. **炎热** 〔yánrè〕 무더운

3. **热情招待** 〔rèqíng zhāodài〕 지극한 응대
   같은 말이 반복되는 것을 피하기 위해 한 번은 接待, 한 번은 招待로 씁니다.

4. **就像** 〔jiùxiàng〕: 如同 ~과 같은

5. **商务机会** 〔shāngwù jīhuì〕 비즈니스 기회

6. **得到~支持** 지원을 받다

7. **连锁店** 〔liánsuǒdiàn〕 프랜차이즈

8. **配合** 〔pèihé〕 매칭(matching)

감사 인사

您好！

我是制造净水器的"ABC净水器"公司海外销售部部长洪吉东。

首先对贵公司在派遣贸易大使期间，能够抽出时间与我们进行洽谈表示感谢。另外能够让我们了解到有关业务方面的信息、当地的市场情况、详细的产品说明，表示感谢。

我认为这次的洽谈为我们在未来的发展合作奠定了基础。其实我们这次出差的目的不是单纯的销售产品，而是寻找如同贵公司一样可靠的合作伙伴。我们有运气，我们就能够找到贵公司这样做事积极、可靠的公司。

虽然在洽谈中有了不同意见，但这就是为进行下一步的首个阶段。我们应在互相弥补的同时，进行发展。所以希望保持联系，进行业务。

本人代表我公司，对贵公司能够抽出时间与我们进行洽谈再次表示谢意。

商祺

备注: 以后会向贵公司发送更多资料。谢谢

반갑습니다.

저는 정수기를 제조하고 있는 ABC정수기사 해외영업팀 부장 홍길동입니다.

무역사절단 파견 기간 시간을 내어 저희와 미팅해주셔서 감사 말씀을 드리고자 합니다. 또한 비즈니스 부분이라든지 제품에 대한 상세한 설명과 현지의 시장 상황 등에 대한 좋은 정보를 주셔서 고맙습니다.

이번 귀사와의 만남이 향후 귀사와 비즈니스를 하게 될 때의 초석을 다지는 시간이 아니었나 싶습니다. 사실 당사는 단순히 제품을 판매하고자 간 것이 아니라 귀사와 같은 믿을 만한 좋은 회사를 찾고 한국에서 알 수 없었던 시장 정보를 취합하기 위하여 출장을 갔었습니다. 다행히도 귀사와 같이 적극적이고 진취적인 회사를 알게 되어 좋았습니다.

비록 미팅 동안 때때론 상호간 다른 의견을 가지고 있었을지는 모르나 이것은 단지 첫발을 디딘 것이며 의미가 없었다고 할 수는 없습니다. 우리는 앞으로 서로가 부족한 것을 채워가면서 더 나은 미래를 위해 하나둘씩 해야 할 것이 많이 있다는 것을 발견했습니다. 그렇기 때문에 좀 더 자주 연락하면서 사업을 이어갔으면 합니다. 귀사의 소중한 시간에 다시 한번 저희 회사를 대표하여 감사의 인사를 드립니다.

Best Regards

추신: 앞으로 좀더 많은 자료를 보내드릴 예정입니다. 감사합니다.

生词、生句

1. 净水器 [jìngshuǐqì] 정수기
2. 抽出时间 [chōuchū shíjiān] 시간을 내주다
3. 当地 [dāngdì] 해당지역, 현지
4. 奠定基础 [diàndìng jīchǔ] 기초를 다지다
5. 可靠 [kěkào] 믿을 만한, 기댈 수 있는
6. 合作伙伴 [hézuòhuǒbàn] 협업 파트너
7. 不同意见 [bùtóng yìjiàn] 다른 의견
8. 首个阶段 [shǒu gè jiēduàn] 첫 번째 단계
9. 弥补 [míbǔ] 부족한 것을 채우다
10. 保持联系 [bǎochí liánxì] 연락을 계속하다

王总

　首先，谢谢你们对我们产品的信任。

　如下简单介绍一下MISS NAMI产品。

　米思纳美品牌核心是科技，安全，天然，干净。

　如下有产品特点：

　产品共有两款：银纳米抗菌美肌洁面皂&银纳米活性炭深层清洁洁面皂

　1. 因为其含有胶状银成分之特性，所以可以在一两分钟内迅速的杀掉650多种细菌，解决了大多数的皮肤的各种问题；

　2. 并在产品中完美的融入了透明质酸（俗称玻尿酸），改善了洁面后干燥紧绷的不良体验，提升了保湿补水的效果；

　3. 不含有固化剂、人工香料、皂基、防腐剂、表面活性剂等化学添加剂，属于最安全的适合婴儿孕妇的洁面产品。

　基于以上几点，使用产品时，会产生比普通洁面皂或洗面奶更加细腻的泡沫，并且在清洗完后，有一种干干净净的感觉体验，并且洗后不紧绷，感觉皮肤更加细腻光滑。

　另外，产品不含有各种有害的化学添加剂，是一款包括婴儿、孕妇及皮肤敏感的群体都非常适用的产品。

　说一千道一万，实实在在的东西就是卖点。

　产品的核心卖点就是干干净净的体验。

　这是产品在轻奢类时尚评测网的客户评价：http://try.yoka.com/2888/ 在所有的进口类中高端清洁类目里面排名第一。

　请查看如有咨询问题，请随时联系！

왕 사장님

먼저 저희 제품에 대한 신뢰에 감사드립니다.

아래와 같이 저희 MISS NAMI 제품에 대해 간단히 소개하겠습니다.

미쓰나미 브랜드의 핵심은 과학, 안전, 천연, 깨끗함입니다.

우선 저희 제품의 특징에 대해 간단히 소개하겠습니다!

제품은 콜로이드 실버솝과 카본 콜로이드 실버솝 총 2가지 종류가 있습니다.

1. 콜로이드 실버 성분의 특성은 은을 함유하고 있어서 1~2분 내 신속하게 650가지의 다양한 세균을 멸균하고 많은 피부 문제를 해결할 수 있다는 것입니다.

2. 제품에는 히알루론산을 첨가해서 세안 후 건조하고 땡기는 좋지 않은 느낌을 개선하여, 보습의 효과를 높였습니다.

3. 경화제, 인공향료, 비누 베이스, 방부제, 합성계면활성제를 첨가하지 않았기 때문에 산모와 영유아의 세안비누로는 가장 안전하다고 할 수 있습니다.

제품 사용 시 일반 비누 혹은 클렌징 비누보다 더욱 부드러운 거품뿐 아니라 세안 후 매우 청결함을 체험할 것입니다. 게다가 세안 후 당김 없는 부드럽고 매끈한 느낌을 받을 것입니다.

게다가 저희 제품에는 각종 유해화학물질을 첨가하지 않아, 영유아와 산모 그리고 민감성 피부를 가진 사람에게도 매우 적합한 제품입니다.

아무리 강조해 말해도 확실한 제품이 마케팅 포인트입니다.

제품의 핵심 마케팅 포인트는 바로 깨끗함 체험입니다.

이 주소는 요즘 유행하는 고객들의 체험평가 홈페이지에 있는 고객평가입니다: http://try.yoka.com/2888/ 저희 제품이 1등을 차지했습니다.

사이트 한 번 보시고 의문이 있으시면 언제든지 연락 바랍니다.

 生词、生句

1. 享受 [xiǎngshòu] 누리다, 향유하다, 즐기다
2. 核心 [héxīn] 핵심
3. 含有 [hányǒu] 함유하다, 포함하다
4. 迅速 [xùnsù] 신속하다, 재빠르다, 날래다
5. 紧绷 [jǐnbēng] 팽팽한
6. 细腻 [xìnì] 부드럽고 매끈하다
7. 光滑 [guānghuá] 매끌매끌하다

제품 소개 2

曾总

非常高兴能够与您会面并洽谈业务。

如下我再次简单的介绍一下韩国高端海苔品牌"MJ海苔"的一些简单的情况。

MJ公司成立于1950年。在注重品质和工艺的前提下进行生产, 从使用的油、包装、口味等几个重点上把握细节, 所以在韩国主要以高端超市以及百货为主进行销售。

现在在韩主要渠道为乐天百货, 新世界百货, 现代百货, SSG食物超市等高端百货及商场体系, 是一家主攻高端百货类商超的厂商。

另外, 整个MJ工厂从原料筛选, 品质管理, 到口味都把控的在韩国算是最高级别的。

目前MJ海苔做到了同类产品很难做到的几点:

1. 口感: 真的入口即化的感觉;
2. 视觉: 特殊高档的包装, 在产品陈列中非常醒目;
3. 体验: 吃了就停不下来的体验。

现如今MJ海苔已经开始进入中国市场。已经向跨境电商考拉网（网易）和山东大型超市集团家家悦供货, 并获得了非常好的市场反馈。

在附件有报价、在超市陈列的产品图片、公司简介, 请查看。

报价以FOB为准。因为是初次合作, 所以前三个集装箱内, MJ食品提供附加10%的产品支持, 可用于试吃活动或其他促销活动。

如有任何问题或者疑问, 欢迎随时来电来函。

谢谢合作!

정 사장님

당신과 만나 상담할 수 있어서 매우 기뻤습니다.

아래와 같이 저는 다시 한번 한국의 고급김 브랜드 "MJ김"에 대한 간단한 정황을 소개하겠습니다.

MJ 사는 1950년 설립되었습니다. 품질과 기술을 중점에 두어 생산하며, 기름부터 포장 맛 등 몇 가지의 주요 포인트를 가지고 있어서 한국의 주요 고급 슈퍼마켓 및 백화점에서 판매되고 있습니다.

현재 한국의 주요 판매처는 롯데백화점, 신세계백화점, 현대백화점, SSG식품 슈퍼마켓 등 고급 백화점 및 상점인 제조사입니다.

그 밖에 MJ 공장은 원료선별부터 품질관리 맛까지 한국에서 최고급이라고 자부합니다.

동종업계 제품이 김을 따라올 수 없는 몇 가지

1. 입맛: 입안에 들어가자마자 녹는 느낌

2. 디자인: 특이한 고급포장으로 상품 진열 시 매우 눈에 띄는 디자인임

3. 체험: 시식 후 계속해서 먹게 됨

현재 MJ김은 중국시장에 진입하였습니다. 이미 크로스보더 전자상거래 카오라왕(왕이)와 산동대형슈퍼마켓 그룹 가가열에 제품을 공급하고 있으며, 좋은 시장 반응을 얻고 있습니다.

오퍼가격과 슈퍼마켓 진열사진과 회사 소개서를 첨부하오니 참조 부탁드립니다.

가격은 FOB가격입니다. 그 외 초기 합작 시 3개 컨테이너까지 MJ식품에서는 귀사에 이벤트 시식용으로 10% 무상 지원토록 하겠습니다.

어떤 문제나 의문이 있으면 언제든 전화나 메일 주시기 바랍니다.

감사합니다.

 生词、生句

1. 与 [yǔ] ~와(과)

2. 生产 [shēngchǎn] 생산하다

3. 口味 [kǒuwèi] 맛, 입맛

4. 食品 [shípǐn] 식품

5. 集装箱 [jízhuāngxiāng] 컨테이너

서류 요청의 건

您好！

最近好吗？我是Korea Company公司代表洪吉东。

我已收到10种样品。

目前我认为准备业务已完成了80%。

因我们需要最后准备的资料，所以给您发邮件。

您应了解我们获得KC认证，才可以进行正常的销售和营业。

我已准备好样品和其他文件，最后还需要有关产品规格、图纸、产品性能、使用说明及从在各国获得的认证等，上述文件是我们在申请KC认证时应添加的文件。

如以E-mail方式发送文件，我们能更快进行申请。

向KC认证中心发送样品，直到获得认证需要10天左右的时间，我们获得认证，之后会立即去中国总部向您说明所有的情况、业务性、准备事宜等。

请早日发送文件。

祝您天天幸福。

谢谢

안녕하세요.

그동안 잘 지내셨습니까? Korea Company 대표 홍길동입니다.

지난번 보내주신 샘플 10종을 무사히 잘 받았습니다.

이제 어느 정도 사업을 시작하는 데 있어서 준비가 80%는 마무리된 듯합니다.

마지막으로 필요한 것들이 있어서 이렇게 메일 보냅니다.

KC 인증을 받아야만 판매 및 영업 활동을 할 수 있는 점 잘 아실 겁니다.

현재 샘플과 다른 서류를 준비했습니다. 마지막으로 제품의 제원, 도면, 제품성

능서, 사용설명서, 그리고 각 나라들에서 인증을 받은 인증서가 있어야 하며, 이는

KC 인증센터에 첨부해야 할 서류들입니다.

모든 서류들을 이메일로 송부해주시면 바로 진행이 가능할 듯합니다.

KC 인증센터에 샘플을 제공하면 약 10일 정도 걸릴 것이며, 인증받은 후 즉

시 중국 본사로 들어가서 모든 상황과 제 사업성, 준비됨 등을 보고드릴 것입니다.

마지막 서류들에 대해서 한번 더 서둘러주시기를 바라는 바입니다.

항상 좋은 일들만 가득하시길 바랍니다.

 生词、生句

1. 已收到 [yǐ shōudào] 이미 받다, 서신을 잘 받아보다

2. 规格 [guīgé] 규격(specification)

3. 图纸 [túzhǐ] 도면

4. 认证 [rènzhèng] 인증서

5. 事宜 [shìyí] 사항

6. 请早日发送 빠른 시일 내에 발송해주십시오.

  * 请早日回复 빠른 시일 내에 답변 바랍니다.

협조에 관한 의견 제시

关于中方与韩方公司合作

尊敬的韩方公司社长:

　　非常感谢, 10月20日贵公司洪科长带队光临本公司, 考察、指导、交流, 我因此而感到荣幸。我想, 中国之大, 石油化学生产企业之多, 为什么你们惠顾本公司, 凭什么你们选择与我们合作? 这不是偶然的巧合, 而是必然联系。

　　虽然与洪科长交谈短暂, 但思想传很融洽, 登高望远的战略思考, 合作共赢的理念显然成立。谈到做企业的核心价值观、同舟共济的责任感, 如何建立利益共同体等, 感觉中韩文化还是很对频道的。

　　企业的核心能力是市场。而你们用智慧开启思想, 到中国凝聚力量, 进入中国的大市场再走向世界, 这样的战略构想非常英明。如若合作成功, 展望未来将是怎样一幅图景呢?

我向洪科长说简单的给您写一份个人意见供你们合作参考:

一、贵公司产品、工具专利无形资产等, 和我方现有国际、国内市场资源都共享不作价:

二、我方石油化学产品的发明专利和一切无形资产都共享不作价;

三、贵公司可派任总经理、技术总监共同参与企业管理。

　　以上是我代表股东的想法, 合作只要各方把杂念放在一边, 把责任记在心间, 用思想引领未来, 共同开拓中国及全球的化学市场。

顺祈商祺!

중국기업과 귀사와의 협조에 관한 건

존경하는 한국 회사의 사장님:

12월 8일 귀사의 홍 과장님께서 손님들을 데리고 본사에 오셔서 교류, 견학, 지도해주신 점 깊이 감사드리며 영광으로 생각합니다. 또한 중국에 수많은 석유화학 공장이 있는데 어떻게 우리 회사에 오셨고 어떻게 우리와 협조하려고 했는지 제 생각엔 우연이 아니고 필연인 듯합니다.

홍 과장님과의 회담은 짧게 끝났지만 생각은 잘 맞았으며, 더 멀리 바라보면 윈윈전략은 서로에게 부합된다고 생각합니다. 기업의 핵심가치관, 같은 배를 탔다는 책임감, 서로간의 이익이 생기는 시스템을 세우는 방법 등 중한 문화는 그래도 잘 맞는다고 생각합니다.

기업의 핵심능력은 시장입니다. 귀사가 지혜로 아이디어를 만들고 중국에서 힘을 모아 중국을 개척하고 다시 세계시장으로 나가는 것, 이 점은 상당히 좋은 생각입니다. 협력이 성공한다면 미래가 엄청나게 밝지 않겠습니까?

제 생각을 말씀드릴 테니 이번 협력에 참고하시면 좋겠습니다.

1. 귀사의 제품, 공구 특허, 무형자산 등, 저희의 현재 국제, 국내 시장 자원은 모두 공유 가능합니다(비용 없이)

2. 우리 화학제품의 발명특허와 모든 무형자산은 공유 가능합니다. (비용 없이)

3. 귀사는 총경리(사장)를 파견할 수 있으며, 기술 총감독은 공동으로 참여(파견)하여 기업을 관리할 수 있습니다.

이상은 제가 주주를 대표하여 말씀드리는 의견이며, 협력은 자잘한 일은 치워버리고 책임감을 가지고, 미래만 생각하고, 서로 협력해서 중국, 나아가 전 세계 화학시장을 개척합시다.

Best Regards

 生词、生句

1. 惠顾 [huìgù] 보살피다, 왕림하다 2. 凭什么 [píngshénme] 무슨 근거로?
3. 融洽 [róngqià] 융화하다(没有隔阂和抵触 틈이 없고 대립됨이 없는)
4. 登高望远 [dēnggāo wàngyuǎn] 높은 곳에 올라 멀리 바라봄
5. 同舟共济 [tóngzhōugòngjì] 같은 배를 타고 가다
6. 对频道 [duì píndào] 채널이 맞다 7. 不作价 [bú zuòjià] 가격을 매기지 않다
8. 把责任记在心间 책임을 가슴 속 깊이 새기다

尊敬的经销商朋友们:

过去的一年, 全国经销商朋友一道精诚合作, 努力拼搏, 共同谱写了ABC公司发展的新篇章!

值此新春佳节来临之际, 我谨代表ABC公司全体员工, 向您们致以最诚挚的问候, 祝您及您的家人春节快乐!身体健康!

历经了艰苦的创业, ABC公司现已发展成为集团化公司。我们目前获得了ISO9001: 2008质量管理体系、CCC国家强制性认证等认证。多年以来, 我们脚踏实地, 团结务实, 勤恳创业, 始终秉承"同成长, 共分享"的合作理念。

亲爱的全国经销商朋友们, 我们深知, 我们过去的发展离不开您们始终如一地信赖和支持, 我们今天的成就离不开您们的无怨无悔地理解和奉献, 我们明天的辉煌更加需要与您们无间的团结和协作, 您们是我们真正的主人, 是我们的希望和未来。2018, 感恩有您!

为答谢广大经销商朋友们过去一年来的支持与厚爱, 值此新春佳节, 公司特备薄礼一份, 春节前将随订单货物送达到您的手中, 若节前没有订单计划, 公司将安排业务经理在正月元宵节前亲自将礼品送到您家中或店中。薄礼一份, 聊表心意。

亲爱的朋友们, 我们愿意用最真诚的心、最优质的产品、最佳的服务与您们精诚合作。让我们共同携手托起明天的太阳! 让我们一同努力创造我们的辉煌!

最后, 祝愿您及您的家人身体康泰、万事如意; 祝愿您的事业兴旺发达!

ABC公司
总经理 洪吉东

존경하는 대리점 여러분

　지난 1년 여러분의 진심 어린 협조와 노력으로 ABC사의 발전에 새로운 장을 열었습니다.

　새로운 해가 오는 지금, 저는 ABC사의 전체 임직원을 대표하여 다시 한번 여러분의 노고에 감사드리며, 새해 복 많이 받으시길 기원합니다. 건강하십시오!

　어려운 창업을 거쳐, ABC사는 이미 그룹이 되었습니다. 우린 현재 ISO9001 :2008 품질관리시스템, CCC국가강제성 인증서도 받았습니다. 오랜 기간 우린 기본을 다지고, 협력하여 "같이 성장하고 같이 향유하자"는 비전을 공유했습니다.

　전국에 계신 파트너 여러분의 믿음과 지원이 없었더라면 우리의 발전이 없었음을 잘 알고 있습니다. 지금 우리가 이 자리에 있는 것은 여러분의 한결같은 이해와 희생 때문입니다. 내년에는 더욱 발전되고 힘을 합치면 좋겠습니다. 여러분이야말로 우리의 진정한 주인이자 미래입니다. 2018년 진심으로 감사드립니다.

　이에 저희는 지난해 은혜에 보답하기 위해 작은 선물을 준비했습니다. 춘절 전에 물품 송달 시 같이 갈 겁니다. 만약 춘절 이전에 구매 계획이 없으면 저희 사원들이 15일 이전에 방문하거나 댁으로 보내드리겠습니다. 작지만 성의로 받아주시기 바랍니다.

　친애하는 여러분, 저희는 진심을 담긴 고품질의 제품과 서비스를 드리고자 합니다. 우리 모두 같이 더욱 밝은 미래를 열어갑시다.

　마지막으로 여러분 가정 모두 평안하시고, 건강하시고, 사업 번창하세요.

ABC사

총경리 홍길동

　生词、生句

1. 拼搏 [pīnbó] 전력을 다하다　2. 谱写 [pǔxiě] 창작하다

3. 篇章 [piānzhāng] 문장　　4. 值此~之际 [zhícǐ zhījì] ~에 즈음하여

5. 谨代表 [jǐn dàibiǎo] 삼가 대표하여

6. 致以 [zhìyǐ] ~를 표시하다, 나타내다

7. 脚踏实地 [jiǎotàshídì] 밟아서 다지다, 견실하게

8. 勤恳 [qínkěn] 근면, 성실하게　9. 秉承 [bǐngchéng] 삼가 받들다

10. 深知 [shēnzhī] 깊이 알고 있다　11. 薄礼 [bólǐ] 작은 선물

12. 聊表心意 [liáobiǎo xīnyì] 성의를 표시하다

상표출원 통지 및 수출조건

(1)
刘总经理
您好！

　　中国当地代理人查询了中国商标局的数据库, 已通知我们, 申请商标号码是第12345678号。
　　中国商标局将会颁发官方的申请号码。
　　我们会附件商标局的数据库资料。

(2)
ABC
Model No: ABC-123
* 单价: 150元/1sets
* 运输条件: CIF丹东
以Full Container loading 为准
如不是Full Container loading, 价格会不同。
* 支付条件: by T/T in advance or L/C at sight
发出订单时支付50%, 装船时支付50%。
* 最少订购数量: 2000sets
* 交货期: 45days
有几个咨询事项:
1. 对ABC的销售政策是否有变化?
2. 我们看了申请商标几乎可以确定了。
大概什么时候发订单?
3. 预期的订购量有多少?

(1)

Liu 사장님

안녕하세요?

중국 현지 대리인이 중국 상표청 데이터베이스를 조회한 결과, 출원번호 제 12345678호임을 알려왔습니다.

중국 상표청에서 출원번호가 곧 정식으로 오리라 봅니다.

중국 상표청 데이터베이스 자료를 첨부하여 보냅니다.

(2)

ABC

모델 번호: ABC-123

* 단가: 150위엔/1세트

* 운송조건: CIF Dandong, China.

Full Container loading일 때의 가격입니다.

Full Container loading이 아닐 경우 금액이 변경됩니다.

* 지불조건: by T/T in advance or L/C at sight

발주시 50%, 선적시 50%

* 최소수량: 2,000세트

* 납기: 45일

몇 가지 문의사항이 있습니다.

1. ABC에 대한 판매 정책은 변동이 없나요?

2. 상표출원은 확실해 보입니다. 발주는 언제쯤 나올 수 있는지요?

3. 예상 주문량은 어느 정도일까요?

生词、生句

ㅣ. 商标局 [shāngbiāojú] 상표국(상표청)

2. 申请商标号码 상표 출원 번호

3. 颁发 [bānfā] 수여하다 (보통 정부에서 수여하는 혹은 발급하는)

   * 授予 [shòuyǔ] 수여하다 (일반적으로 수여하는, 授予代理权: 대리권을 수여하다) * 颁布 [bānbù] 공포하다 (법령, 조령)

4. 官方 [guānfāng] 정부측, 공식적인 * 官方网站 공식사이트

张总经理
您好!

已经顺利回到上海了吧!我们从洪代理那听说了有关您想了解女儿入学的事宜。

我们先研究之后告知您。

这次出差并开会的内容是:

1. 我们了解贵司虽然销售韩国烧酒很不容易,但还是在继续投入努力。我们据工厂了解,烧酒的保质期能够延长到6个月。

但我们之间有需要在实务上解决的事宜。

有关上述的事宜,洪代理会再和您联系。

2. 我们会尽快发送合同书的基本框架。

请张总经理也告知我们您所需要的内容。

因本公司的实力不够大,所以无法提供太多的帮助,但是我们会尽最大努力支持。

我们以互相的信赖为基础,希望逐步开拓中国市场。

谢谢

장 사장님

안녕하세요.

따님과 무사히 도착하셨나요? 홍 대리에게 따님의 입학에 관한 문의 내용은 들었습니다.

알아보고 알려드리도록 하겠습니다.

이번에 오셔서 하신 말씀을 요약해보면

　1. 한국 소주에 대해 어려움이 많으나 계속하실 의향이 있는 것으로 이해하며, 요청하신 6개월로 유통기간 연장은 일단 가능한 것으로 되어 있습니다.

　그 전에 실무적으로 약간 정리해야 될 부분이 있는 것 같습니다.

　그 부분은 홍 대리가 연락을 드리도록 하겠습니다.

　2. 계약서 부분도 빠른 시간 안에 기본 틀을 보내도록 하겠습니다.

　장 사장님도 원하시는 내용이 있으면 알려주시기 바랍니다.

　본사가 힘이 많지 않아 더 많이 도와드리지 못하나 최대한 열심히 힘이 되어드리도록 노력하겠습니다.

　하여간 저희도 장 사장님을 믿고 있으니 서로 느리지만 서서히 손을 잡고 중국 시장을 개척하기 원합니다.

　감사합니다.

生词、生句

1. 保质期 [bǎozhìqī] 유통기간, 품질보장기간
2. 上述的事宜 [shàngshù de shìyí] 위에 언급한 사항
3. 基本框架 [jīběn kuàngjià] 기본 프레임
4. 实力不够大 실력이 충분히 높지 않다
5. 逐步 [zhúbù] 점차
6. 开拓 [kāituò] 개척

무역에 대한 문의

(1)

　　请问是报FOB或是CFR上海价, 我们可以韩国提货。另外上海有没有代理商或经销商? 如果没有代理商的话, 我们将会尽快合作, 考虑到价格透明度问题, 有代理商的话, 我们将不便合作, 不便我们的商业运作, 请回复!

　　联系方式: 上海孔小姐

(2)

您好

　　谢谢你的回信, 那我们下周一见面会谈。

公司地址: 北京市海淀区海淀大厦123号

联系人: 张经理 1208888888

预祝我们合作愉快。

(3)

　　您好, 我希望贵司可以让总经理 (老总) 过来谈, 因我们这边订的货会比较多, 所以顺便请带着贵公司的样品过来。

谢谢

(1)

가격을 주신 것이 FOB인가요 상해도착가격인가요? FOB도 가능합니다. 또한 상해에는 대리점이나 2차 유통점이 없나요? 만약 대리점이 없다면 빠른 시간 내에 협력했으면 합니다. 중간 마진이 있는 대리점이 있으면 협조가 불편하고 저희가 영업하기에도 불편하기 때문입니다. 회신 주시면 감사하겠습니다.

담당자; 상해 Miss. Kong

(2)

안녕하세요.

답변 감사합니다. 그러면 다음 주 월요일에 뵙는 것으로 하겠습니다.

아래 주소입니다.

회사주소: 북경시 해정구 해정빌딩 123호

연락처: 장 경리 1208888888

거래가 잘되었으면 좋겠습니다.

(3)

안녕하세요, 귀사의 사장님이 오셔서 면담했으면 좋겠습니다. 왜냐하면 우리 쪽에서 구매하는 물량이 많기 때문인데 겸사겸사 샘플도 가져다주시면 합니다.

 生词、生句

1. 报FOB或是CFR上海价

   Offer가격이 FOB조건인지 아니면 CFR조건인지?

2. 不便合作 [búbiàn hézuò] 협업하기 불편하다

3. 商业运作 [shāngyè yùnzuò] 마케팅 작업, 제품 운영

4. 我希望贵司可以让总经理 (老总) 过来谈

   가격을 결정할 수 있는 사람이 오기를 원함, 또한 위에 언급한 대리점 권한을 부여할 수 있는 (수권) 결정권자가 출장 와서 빠른 시간 내에 시장을 차지하기 원한다는 뜻이 담겨 있습니다.

(1)

您好!

我已收到您的E-mail。

我也希望能和贵公司总经理进行面谈。

我可以下周初去上海。

请告知贵公司总经理在什么时间方便与我们洽谈,以便我们根据贵公司的时间来安排日程预订机票。

另外请告知我们贵公司的地址。谢谢

(株) PPT 代表理事

洪吉东

(2)

您好!

我们提供的价格是FOB价格。

另外在上海还没有代理商或经销商。

我们也希望能与贵公司直接交易。

请回复。谢谢。

(株) PPT 代表理事

洪吉东

(1)

안녕하세요.

보내주신 메일은 잘 받아보았습니다.

저 또한 귀사의 사장님과의 미팅이 좋습니다

상해는 다음 주 초에 방문할 수 있습니다.

귀사의 일정에서 언제쯤이 좋을지 말씀해주시면 비행기티켓 예매에 도움이 되겠습니다

제가 방문할 귀사의 주소를 알려주시면 감사하겠습니다.

(주) PPT 대표이사

홍길동

(2)

안녕하세요.

제가 드린 가격은 FOB 가격입니다.

그리고 상해에 대리점이나 2차 유통점은 아직 없습니다.

저 또한 저희 회사와 귀사가 직접 거래하는 것을 환영합니다.

검토하시고 회신 주시면 감사하겠습니다.

(주) PPT 대표이사

홍길동

 生词、生句

1. 面谈 [miàntán] 대면 회담

2. 以便 [yǐbiàn] ~하기 위해

3. 代表理事 [dàibiǎolǐshì] 중국의 总经理

4. 直接交易 [zhíjiējiāoyì] 직거래

요청 서신

　　我收到了韩国发来的邮件, 里面提供了相关的韩文文件。但是文件有如下几个问题:

1. 提供来的是说明书和技术报告, 但是内容里我标红的部分并没有填写相关内容。请韩方再补充。

2. 没有提供产品境外上市后的临床研究报告、临床随访资料;

　　境外上市后的不满、投诉及不良事件的记录、原因分析、处理方式及处理结果。(如没有不满、投诉及不良事件, 请厂家写声明)

3. 没有提供一份关于生产企业名称、生产地址、产品名称, 能证明韩文与英文一致的文件。

　　最好文件内既有生产企业名称/地址、产品的名称的韩文, 同时也有英文; 如没有, 至少提供一份有以上内容英文的文件。

　　必须是政府出具的文件。(比如自由销售证书)

　　以上内容请您再要求韩方提供。

이메일 잘 받았습니다. 안에 관련된 한글문서가 있었는데, 문서에 몇 가지 문제가 있습니다.

　　1. 설명서와 기술보고서를 제공하셨는데, 내용에 저희가 빨간색으로 표기한 부분에 관련 내용이 기입되지 않았습니다. 한국 측에 다시 보충해달라고 요청해주시기 바랍니다.

　　2. 제공된 제품의 국외 런칭 후의 임상연구보고서, 임상 수행 방문에 대한 자료가 없습니다;

　　국외 런칭 후의 불만, 클레임 및 불량사항의 기록, 원인분석, 처리방안 및 처리결과 (만약 불만, 클레임, 불량사항이 없다면 공장에서 성명서를 작성하시기 바랍니다.)

　　3. 생산기업의 명칭, 생산지 주소, 제품명칭에 대한 자료를 제공하지 않았습니다. 한글과 영문본이 일치하다는 문서를 제공하지 않았습니다.

　　가장 좋은 것은 문서 내 생산기업의 명칭, 주소, 제품명칭의 한글본과 영문본을 주시는 것이고, 만약 없으시다면 최소한 위의 내용이 있는 영문본을 보내주시기 바랍니다.

　　필히 정부에서 발급한 문서이어야 합니다. (예를 들어, 자유판매증서)

　　이상 내용에 대해 한국 측에 다시 한번 제공을 요청하시기 바랍니다.

 生词、生句

1. 标红 [biāo hóng] 붉게 표시한 것
2. 境外上市 [jìngwàishàngshì] 국외에서 제품을 내놓다, 런칭하다
3. 临床 [línchuáng] 임상
4. 临床随访 임상 수행
5. 投诉 [tóusù] 호소하다, 고발하다
6. 声明 [shēngmíng] 성명, 선언하다
7. 一致 [yízhì] 일치하다
8. 既有 [jìyǒu] 기존의, 지금 갖고 있는
9. 至少 [zhìshǎo] 최소한
10. 出具 [chūjù] 발급하다

샘플 수취 후 회신

张总
您好！

　　上次见面相谈甚欢，寄过来的样品也已收到，吴主任对我们产品很是看好。

　　现想促进一下我们的合作，希望了解贵公司的市场发展计划以及和我们的合作方式。

　　我们收到后马上会进行讨论，然后我们一起商讨细节，寻找最恰当的合作方式，以求获得我们双方的共赢。

　　期待您的回信。

祝顺

장 사장님 안녕하세요.

지난번 미팅 후 보내주신 샘플은 잘 받았으며, 우 주임은 이 상품이 매우 예쁘다고 하였습니다.

우리의 합작을 추진하고자, 귀사의 시장 발전계획 및 우리와의 합작 방식을 알고 싶습니다.

회신을 받은 후 상의한 다음 함께 자세한 것을 논의하고, 가장 알맞은 합작 방식을 찾아 서로가 윈윈하도록 할 것입니다.

당신의 회신을 기다리겠습니다.

감사합니다.

 生词、生句

1. 甚欢 [shèn huān] 매우 즐겁다
2. 样品 [yàngpǐn] 샘플
3. 促进 [cùjìn] 추진하다
4. 讨论 [tǎolùn] 토론하다
5. 细节 [xìjié] 자세한, 세부 (사항)
6. 咱们 [zánmen] 우리 (화자와 청자를 포함)
7. 获得 [huòdé] 획득하다
8. 双方 [shuāngfāng] 쌍방

샘플사양 확인

朴总
您好!

  我司对于贵公司帮助协商联系的韩国芬妮乐宝宝XPE材质宝宝爬爬垫有如下要求,希望贵公司在协商时可以告知品牌方和工厂。为方便起见,相关照片已经发到您的微信。

  产品规格:
1. 地垫包装(硬、厚、透明塑料袋,具体可借鉴照片里的外包装)。
2. 产品本身上需要有醒目的品牌LOGO,例如钢印或者彩色芬妮乐LOGO。(具体样子可参照微信提供的照片。)
3. 材质:要求与我们拿到样品一样,XPE材质,双包,两面都是卡通图案的。
4. 规格: 150cm*200cm和180cm*200cm
  关于产品,我们需要工厂先出样品打样,样品需要和我们实际订货完全一样,包括包装等,然后我们会下首批订单人民币10万。
  如有其他疑问请微信或电话联系我。

谢谢

박 사장님

안녕하세요.

저희 회사가 귀사에서 협상을 희망하는 어린이 XPE재질 매트에 대해서 귀사께서 브랜드와 공장에 아래와 같이 협상해주시기를 희망합니다. 편의를 위해 관련된 사진은 당신의 위챗으로 보내드렸습니다.

상품 스펙

1. 매트포장 (단단하고 두꺼운 투명비닐 재질로, 자세한 것은 사진의 외부 포장모양)

2. 상품 전체에 브랜드 로고가 드러나도록 할 것, 예를 들어 인장느낌 혹은 채색으로 로고가 나오게 해주세요. (자세한 사진은 위챗으로 보내드렸습니다.)

3. 재질: 우리가 받은 샘플과 같은 XPE재질로 양면 모두 도면이 있는 것으로 해주세요.

4. 규격: 150cm*200cm와 180cm*200cm

상품에 관해서 저희는 우선 샘플을 받고, 샘플이 통과되면 저희는 샘플과 완전 같은 사양과 포장으로 인민폐 10만원 정도의 주문을 하도록 하겠습니다.

기타 문의사항이 있는 경우 위챗이나 전화로 문의 주세요.

감사합니다.

 ## 生词、生句

1. 对于 [duìyú] ~에 대해서
2. 协商 [xiéshāng] 협상하다, 협의하다
3. 品牌 [pǐnpái] 상표, 브랜드
4. 露出 [lùchū] 드러내다, 노출시키다
5. 例如 [lìrú] 예를 들면, 예컨대
6. 卡通 [kǎtōng] 만화 영화
7. 图案 [tú'àn] 도안
8. 订货 [dìnghuò] 주문 상품, 주문하다, 발주하다
9. 首批 [shǒupī] 첫 번째 Lot(물량)

王经理
您好！

感谢您对我公司产品的认可，以上是我公司的产品相关资料。附件有我们产品在市场的统一零售价格及产品基本介绍。我公司是澳洲"Au"蜂品牌在中国区的总代理，Au品牌在澳洲已有20多年历史。我公司现在是该品牌中国区的品牌运营商。

目前我公司所经营的蜂蜜产品，涵盖了澳洲50多个品类的蜂蜜产品，是国内进口蜂蜜品类最全最多的公司。公司目前已在北京、广州、深圳、上海、南通、厦门、重庆、成都、杭州、南京等地区的精品超市、KA商超渠道及进口食品连锁品牌都已有合作，并且在线上天猫、亚马逊、1号店、顺丰海涛等都已有经销商代理。我公司所有系列产品拥有统一的市场价格保护，区域保护，并拥有统一的售后服务支持。

希望通过这些资料让您更了解我们的产品。

왕 사장님

안녕하세요!

저희 제품을 인정해주셔서 감사드립니다. 이상은 저희 회사에 관련된 자료입니다. 첨부파일은 저희가 시장에서 공통으로 사용하고 있는 소매가격 및 상품 기본 소개자료입니다. 폐사는 오스트레일리아 "Au"벌꿀의 중국 총판점입니다. Au는 오스트레일리아에서 이미 20년의 역사를 가지고 있습니다. 폐사는 본 브랜드를 중국에서 운영하고 있습니다.

현재 폐사는 오스트레일리아의 50여 품종의 벌꿀 상품을 취급하였으며, 국내 벌꿀 회사 중에 가장 많은 종류를 수입하고 있습니다. 폐사는 북경, 광주, 심천, 상해, 남통, 하문, 중경, 성도, 항주, 남경 등의 지역의 슈퍼마켓에 있으며, KA상점 루트 및 수입식품 체인점 브랜드와 이미 합작하고 있고, 온라인 판매로는 티엔마오, 아마존, 1호점, 순풍역직구 등에 중개 판매인이 있습니다. 폐사는 모든 것을 체계화하여 통일된 가격으로 지역을 보호하고 애프터서비스를 지원하고 있습니다.

이 자료들을 통해 당신이 우리의 제품을 좀 더 이해할 수 있기를 희망합니다.

 生词、生句

1. 认可 〔rènkě〕 승낙하다. 인정하다
2. 零售价格 〔língshòujiàgé〕 소비자 가격
3. 运营商 〔yùnyíngshāng〕 운영사
4. 蜂蜜 〔fēngmì〕 벌꿀
5. 品类 〔pǐnlèi〕 품종
6. 经销商 〔jīngxiāoshāng〕 중개 판매인, 중개상
7. 售后服务 〔shòuhòufúwù〕 애프터서비스(A/S)

주문 후 감사

尊敬的王平总经理
您好！

　　感谢您在丁丁购物！
　　我们很高兴的通知您，订单13330773149的货物已于2018-10-13从丁丁发出，预计2018-10-23到您所在的地址，请您耐心等待。
　　您在丁丁的网址可查看该订单的物流信息。

谢谢！

존경하는 왕평 사장님

안녕하세요?

ding ding에서 물건을 구매해주셔서 감사합니다.

저희는 매우 기쁘게 당신께 알려드립니다. 주문번호 13330773149의 물품은 2018-10-13일 ding ding에서 발송되었으며, 2018-10-23일 도착할 예정이니 기다려주십시오.

ding ding의 홈페이지에서 물품의 상세한 배송정보를 검색할 수 있습니다.

감사합니다.

生词、生句

1. 耐心等待 [nàixīnděngdài] 참을성 있게 기다리다
2. 页面 [yèmiàn] 페이지
3. 查看 [chákàn] 살펴보다, 조사하다, 검사하다
4. 信息 [xìnxī] 정보

회의 기록

柳总监

　　你好, 关于今天的会议内容, 我们已整理好记录, 请参考附件。

　　内容按如下:

1. 因我们非常重视中国市场, 因此希望确认以下几个问题:

　　1) 如直接进入MJ超市, MJ集团是否有米思纳美品牌的管理模式、售后服务等的计划?

　　2) MJ集团可否在出货前100%付款 (T/T or LC Open)?

2. 我们收到MJ集团的回复, 我们进行内部会议, 之后确认公司是否会直接进入MJ超市。

　　确定之后, 如没有特殊情况, 会尽快与MJ集团配合。

류 감독님

안녕하세요. 금일 회의 내용에 대해 회의록을 정리하여 첨부해드리니 참조 부탁드립니다.

내용에 대해 아래와 같이 간단히 정리해드립니다.

1. 우리는 중국시장을 매우 중시하고 있으며, 그래서 몇 가지 문제를 확인하고 싶어합니다.

  1) 직접 MJ 슈퍼마켓으로 진입할 경우, MJ그룹에서 미쓰나미 브랜드의 관리 방식, 사후서비스 등의 계획이 있는지요?

  2) MJ그룹은 출하 전 100% 지급방식이 가능한가요(T/T or LC Open)?

2. MJ그룹의 회신을 받은 후, 회의를 통해 MJ 슈퍼마켓에 바로 진입할지 여부를 확정하겠습니다.

확인 후 특별한 사항이 없는 경우 최대한 빠른 시간 내 MJ그룹과의 협조를 완료하겠습니다.

Part 04

일반서신

 生词、生句

ı. **计划** [jìhuà] 계획
2. **集团** [jítuán] 그룹, 단체, 집단
3. **付款** [fùkuǎn] 지불, 지불하다
4. **特殊** [tèshū] 특수하다, 특별하다

尊敬的徐先生
您好!
　　很高兴能够以邮件给您介绍A公司。

　　A公司是一家香港公司, 成立于1999年。A公司提供全球商务解决方案、专业投资策划及业务外包服务, 在行业里已建立有良好的声誉。A公司业务遍布在亚洲, 欧美, 中东国家。
　　A公司的知识产权中心专业提供商标、专利、版权的注册管理、维权诉讼、评估转让、设计、品牌策划运营以及其它的知识产权解决方案。
　　专业服务有中国、香港、马德里等全球国家、城市, 提供有关商标的注册。包括发明专利、实用新型、外观设计、作品著作权登记、计算机软件著作权登记、国际书刊号申请(ISBN、ISSN)、标志VI设计、品牌顾问、知识产权海关备案、知识产权评估、维权诉讼、商标复审及异议答辩、知识产权顾问等一系列服务项目。

　　注册美国商标时所需要的资料:
1、以法人申请,附《营业执照》或有效登记证明复印件加盖公章1份: 以自然人申请附个人身份证明文件1份。
2、申请人的详细信息(中英文), 包括姓名或名称、性质、国籍以及详细地址、邮编、联系方式。
3、商品名称和类别。

존경하는 서 선생님

안녕하세요.

이메일로 A사를 소개할 수 있어서 매우 기쁘게 생각합니다.

A사는 홍콩기업이며, 1999년에 설립되었습니다. 전 세계적으로 비즈니스 솔루션, 투자전략업무의 외주서비스를 제공하고 있습니다. 현재 동종업계에서 명성이 자자합니다. A사의 비즈니스 범위는 아시아, 유럽, 미주, 중동에 걸쳐 있습니다.

A그룹의 지적재산권센터는 상표, 특허, 판권의 등록관리 서비스를 제공하며, 유권소송, 양도평가, 디자인, 브랜드기획운영 및 기타 지적재산권의 솔루션을 제공합니다.

전문 서비스로는 중국, 홍콩, 마드리드 등 전 세계 국가, 도시에서의 상표등록서비스가 있습니다. 이는 발명특허, 실용신안, 외관디자인, 작품판권의 등기, 컴퓨터 소프트웨어 판권의 등기, 국제서적신청(ISBN, ISSN), 마크VI디자인, 브랜드 자문, 지적재산권의 해관등록, 지적재산권의 평가, 유권소송, 상표재심 및 이의답변, 지적재산권 자문 등 일련의 서비스를 제공합니다.

미국상표 등록 시 필요한 자료:

1. 법인신청은 《사업자등록증》 혹은 날인한 유효 등기증명서 사본 1부: 자연인 신청은 개인신분증명서 1부

2. 신청인의 세부 정보(중문, 영문본), 이름 혹은 명칭, 국적 및 세부주소

3. 상품명과 종류

 生词、生句

1. 解决方案 [jiějuéfāng'àn] 솔루션
2. 全球 [quánqiú] 글로벌, 전세계
3. 专利 [zhuānlì] 특허, 특허권
4. 诉讼 [sùsòng] 소송하다. 소송
5. 知识产权 [zhīshichǎnquán] 지적소유권, 지적재산권
6. 发明专利 [fāmíngzhuānlì] 발명특허
7. 著作权登记 [zhùzuòquándēngjì] 저작권등록
8. 加盖 [jiāgài] (도장을) 찍다
9. 证明文件 [zhèngmíngwénjiàn] 증명서류

계약서 회신

张总

你好！

　　附件是采购合同最终版本及国际国内订单（共4份）文件。

　　合同与保密协议：请彩色打印后（各两份），

1. 请在每本合同书的最后一页签字盖章　；2. 盖骑缝章（在每一页上都需要盖章）。

　　订单：在两页上都需要盖骑缝章。

1. 请彩色打印我公司已签字、盖章的订单，之后在最后一页上签字盖章+骑缝章；

2. 更改后打印订单，之后请在最后一页签字盖章+骑缝章。

　　另外，在贵公司已提供的营业执照上面没有签字、盖章。请签字盖章后扫描，以邮件发给我们。

　　将原件请邮寄到中国总部。我们签字、盖章，之后会发送合同和保密协议。

谢谢

장 사장님

안녕하세요.

첨부파일은 최종 구매계약서 및 국제/국내 주문서 4건입니다.

계약서와 비밀유지계약서: 각 2부씩 컬러 프린트를 한 다음

　1. 마지막 페이지에 서명날인　2. 간인(모든 페이지마다 모두)

주문서: 두 페이지 주문서 모두 간인

　1. 서명, 날인한 주문서를 컬러 프린트한 후, 마지막 페이지에 서명날인+간인

　2. 변경 후의 주문서를 프린트한 후 마지막 페이지에 서명날인+간인

　그리고 귀사에서 제출한 사업자등록증상 서명날인이 없습니다. 서명한 후 스캔하여 함께 메일로 보내주세요.

　원본은 중국 본사로 우편으로 보내주세요. 우리는 서명날인 후 계약서와 비밀유지계약서를 모두 귀사로 회신하겠습니다.

　감사합니다.

 生词、生句

1. 采购 〔cǎigòu〕 구매하다
2. 保密协议 〔bǎomìxiéyì〕 비밀협약
3. 骑缝章 〔 qífèngzhāng 〕 간인
4. 签字盖章 〔qiānzìgàizhāng〕 서명날인
5. 扫描 〔sǎomiáo〕 스캔, 스캔하다

徐总

　　您好, 我是B公司的财务, 附件有订货单和发票样本, 请您帮我们再次检查填写的内容是否正确;

　　另外, 我想问一下, 在订货单中货物的单价为$780, 我公司购买10台, 含税的购买样品发票的总金额为为$8,800, 是否需要修改?

　　请您查看邮件, 之后及时回复, 非常感谢!

서 사장님

안녕하세요. 저는 B의 재무팀입니다. 첨부는 주문서와 영수증 샘플입니다. 기입한 것이 정확한지 한번 봐주세요.

그 밖에 주문서 중 제품의 단가는 780달러이며, 폐사는 10대를 구매하였고, 세금을 포함하여 샘플구매 영수증 총액은 8,800달러입니다. 변경할 필요가 있나요? 메일을 확인하신 다음 바로 회신해주세요. 매우 감사합니다.

 生词、生句

1. 财务 [cáiwù] 재무

2. 发票 [fāpiào] 영수증

3. 填写 [tiánxiě] (일정한 양식에) 써 넣다. 기입하다.

4. 是否 [shìfǒu] ~인지 아닌지

5. 税金 [shuìjīn] 세금

6. 及时 [jíshí] 즉시, 곧바로, 제 때

포워딩 회사 소개

徐总

您好

　　我司是深圳国际物流有限公司,专门提供中国至韩国物流专线,时效快,价格便宜,发货流程简捷,服务内容多样化,且全程我们自己操作,减少不必要的步骤。

　　特点:

1、手续简: 只需提供准确的货物品名;

2、费用优: 包清关,包派送到门;

3、安全高: 手续简单,安全保障;

4、通关能力: 公司报关人员熟知韩国海关法律法规,能灵活处理货物,使货物快速、安全通关;

5、速度快: 当天收货,当天发运。

　　价格 (RMB):

　　10KG(首重60, 续重30), 21+KG(20元), 31+KG(18元) ... 100+KG(13元), 1000+KG(7元)

　　我们推出韩国多种形式的专线快递方式,为广大与韩国客人、生意往来的朋友们提供更多、更好、更便捷的服务,欢迎咨询。

서 사장님

안녕하세요.

폐사는 심천 국제물류유한회사이며, 중국과 한국 간의 물류루트를 전문으로 제공하고 있습니다. 빠른 시간에 좋은 가격으로 출하공정을 간편화하고, 다양화된 서비스 내용, 게다가 전 공정은 저희가 조작하며 불필요한 순서를 줄였습니다.

장점:

1. 수속 간편화: 오직 정확하게 화물품명을 제공합니다.

2. 비용 우위: 세관수속을 포함하여 목적지까지 배송

3. 높은 안전성: 수속 간단화, 안전보장

4. 통관능력: 회사의 통관 수속 담당자의 한국 세관 법률법규 숙지, 민첩하게 화물처리, 신속하게 화물 처리, 안전한 통관

5. 빠른 속도: 당일 수신, 당일 배송

가격(RMB)

10KG(GW60, NW30), 21+KG(RMB20), 31+KG(RMB18), 100+KG(RMB 13), 1000+KG(RMB 7)

우리는 다양한 방식의 한국 전용 특송 방식을 내놓고 있으며, 많은 한국 고객들과 비즈니스를 하고 있는 친구들에게, 더 많은, 더 좋은, 더 편리한 서비스를 제공합니다. 언제든 문의를 주십시오.

 **生词、生句**

1. 简捷 [jiǎnjié] 간단명료하다, 단도직입적이다, 간결하고 시원시원하다

2. 操作 [cāozuò] 일하다, 조작하다

3. 步骤 [bùzhòu] 순서, 절차, 차례

4. 便捷 [biànjié] 빠르고 편리하다, 간편하다

5. 咨询 [zīxún] 자문하다, 상의하다

B食品株式会社:

您好!
　　我是一号码头电子商务有限公司, 执行董事王平 (Henry)。
　　附件有经过双方的磋商, 拟定的PO订单, 请查看。感谢贵司的信任, 给予山东省代理授权, 一号码头会从线上线下双重渠道, 打开山东之品牌 "B"。
　　请查看合同书之后回复。收到回复之后, 我司会委托C进出口贸易有限公司代理付汇首期款USD 12,474 (壹万贰仟肆佰柒拾肆美元)。
　　C为我司战略代理付汇清关合作单位, 愿三方合作愉快, 共同为B品牌拓展中国市场。
　　感谢小明作为专业性桥梁及提供沟通。
　　祝丁总经理身体健康、生意兴隆。

2019年7月14日

B식품 주식회사

안녕하세요.

저는 1호 부두 전자상무 유한회사의 상무이사 왕핑(Henry)입니다

첨부문서는 쌍방의 협의를 통해 작성한 PO입니다. 확인 부탁드립니다. 저를 믿고 산동성 대리 수권서를 주셔서 감사합니다. 1호 부두는 온/오프라인을 통해 산동의 브랜드 B를 개척하겠습니다.

계약서를 보시고 확인하시어 회신 부탁드립니다. 폐사는 C무역회사를 통해 12,474달러를 송금하겠습니다. (일만이천사백칠십사 달러)

C는 저희 회사의 전략적 수입 & 포워딩 회사입니다. 삼자 간의 유쾌한 합작으로 B의 브랜드를 중국시장에 개발해나가길 기원합니다.

소명의 전문적 중개와 소통에 감사드립니다.

정 사장님의 건강과 사업의 번창을 기원합니다.

2019년 7월 14일

生词、生句

1. 磋商 [cuōshāng] 상세히 논의하다
2. 授权 [shòuquán] 수권
3. 审阅 [shěnyuè] 심사하며 읽다
4. 委托 [wěituō] 위탁하다, 의뢰하다
5. 桥梁 [qiáoliáng] 교량, 다리, 중개자
6. 兴隆 [xīnglóng] 번창하다, 흥성하다

收: 陈经理

您好！

　　希望在新的一年里, 陈经理的家庭更幸福、事业更发展。

　　另外, 我们也希望陈经理和我们的PS产品交易量也更多, 以及我们另外希望塑料容器的新产品顺利进入市场。

　　为了上述事宜, 我们告知有关的协助事项:

1. 希望陈经理给我们提供新产品 (采用PS材质的) 的样品和价格表。

　　我们会制作专业销售贵司容器的网络购物网, 计划向韩国、中国及其他国家的工厂销售。

2. 我们计划以贵司制做的容器产品为主, 开拓市场, 请陈经理积极配合我们。

　　另外, 请告知我们在销售有关贵司制做的容器时, 需要参考的信息或建议。

谢谢

진 경리 귀하

안녕하세요?

새해에는 진 경리님의 가정의 행복과 사업 번창을 기원합니다.

또한, 우리는 진 경리와 우리의 PS제품 거래도 더욱 활발하길 바라며, 또한 용기 신제품의 런칭도 순조롭기를 바랍니다.

이를 위한 업무의 협조 사항을 알려드립니다.

1. 진 경리가 생산하는 용기의 신제품(PS를 사용한)의 샘플 및 가격표를 보내 주시면 감사하겠습니다.

우리는 귀사의 용기 전문 판매를 위한 인터넷 쇼핑몰을 만들어 한국과 중국의 공장과 그 외 국가의 공장 등에 판매하는 것을 계획 중입니다.

2. 우리는 귀사가 제작한 용기제품을 위주로 판매시장을 개척하려는 계획 중에 있으니 진 경리님의 적극적인 협조 부탁드립니다.

아울러 귀사가 제작한 용기를 판매하는 데 참고할 만한 정보나 제안 사항이 있으면 알려주세요

감사합니다.

 生词、生句

1. 事业更发展 사업이 더욱 번창하다, 발전하다
2. 塑料容器 [sùliào róngqì] 플라스틱 용기
3. 进入市场 시장에 진입하다
4. 制作 [zhìzuò] 제작하다
5. 购物网 [gòuwù wǎng] 인터넷 쇼핑몰
6. 参考 [cānkǎo] 참고하다
7. 信息 [xìnxī] 정보, 소식
   * 情报 [qíngbào] (기밀성을 띤) 정보

您好!

　　根据贵司提交给ABC采购中心的制作进度表显示,贵司将在1月20日前完成图纸设计工作,请在相关设计完成后发送给我司进行确认后再投入实际制作,并请贵司解答以下疑问:

1、加工节拍是多少分钟出一个托盘?

2、加热器和冷却器滚筒的转速是多少?

　　以上请答复,谢谢!

안녕하세요.

귀사가 제공한 ABC구매센터의 제작 진척도표에 따르면, 귀사는 1월 20일 이전에 도면설계작업을 완료해야 합니다. 설계를 완성한 후 우리 회사에 보내 확인한 후 다시 실제 제작에 들어가시기 바랍니다. 또한 아래의 질문에 답변 바랍니다.

1. 가공 속도는 몇 분에 1개 팔레트가 나오는지?

2. 히터와 냉각기의 롤러 회전속도는?

이상 답변 부탁드립니다.

 生词、生句

1. 提交 [tíjiāo] 제출하다
2. 进度表 [jìndùbiǎo] 진척도, 공정도
3. 投入 [tóurù] 투입, 여기서는 들어가다, 시작하다
4. 节拍 [jiépāi] 템포, 리듬
5. 托盘 [tuōpán] 팔레트, 적재용 판
6. 加热器 [jiārèqì] 히터(heater)
7. 冷却器 [lěngquèqì] 냉각기(cooler)
8. 滚筒 [gǔntǒng] 롤러(roller)
9. 转速 [zhuànsù] 회전속도

고객사의 요구 전달 및 회신

(1)

金总您好:

　　以下是使用单位发来的要求, 能否按要求执行?

(2)

洪工:

　　ABC邮件提出的"制造日程表是没有考虑程序之间突发状况的", 请让ABC公司列出"程序之间突发状况"的具体清单, 是否有预防对策? 或需要我们提前准备配合的工作。

　　为保证"5月底交货, 6月底调试结束", 需按照下表设定3个阶段性过程验收, 请洪工要求韩国ABC公司1月10日设计完毕后立即携带全部设计技术资料到广州接受第一次验收。"

(1)

　김 사장님 안녕하십니까?

　이하는 사용회사에서 보내온 요구사항입니다. 요구대로 집행 가능하신지요?

(2)

　홍 엔지니어님

　ABC사의 mail에서 제공한 "제조일정표는 프로세스 사이에 돌발적 상황을 고려하지 않은 것 같습니다". ABC사에게 돌발적 상황의 구체적인 목록을 제공받으시고 예방조치가 있는지 혹은 우리가 사전에 준비해야 하는 작업이 있는지 물어보시기 바랍니다.

　5월말 납기, 6월말 시험운전을 보장하기 위해, 아래 표와 같이 3개 단계적 과정 검수를 설정해야 합니다. 홍 엔지니어께서 한국의 ABC사에 1월 10일 설계완료 후 즉시 전체 설계 기술 자료를 가지고 광주로 오셔서 첫 번째 검수를 받으라고 하시기 바랍니다.

生词、生句

1. 单位 [dānwèi] 여기서는 회사

2. 能否按要求执行?
　　구어체 : 能不能 가능한지?

3. 日程表 [rìchéngbiǎo] 스케줄

4. 程序 [chéngxù] 프로세스

5. 突发状况 돌발적 상황

6. 预防对策 예방 대책

7. 准备配合的工作 (보조를 맞추는) 작업을 준비하다.

8. 调试 [tiáoshì] 테스트, 시험운전

9. 验收 [yànshōu] 검수

10. 携带 [xiédài] 휴대하다, 가지고 가다
　　* 便携式 [biànxiéshì] 휴대, 휴대성이 있는

11. 接受 [jiēshòu] (임무 등을) 받아들이다
　　* 接收 [jiēshōu] (편지 등을) 받다

제품 검사서의 요구 및 회신

(1)

洪社长, 你好:

　　请先提供一份发芽玄米粉的食品检验报告和营养成份表, 不是贵公司的也可以。

1、80袋发芽玄米粉去掉商标贴纸后, 尽快发货。

2、具体什么时间能提供发芽玄粉食品检验报告和营养成分表?

3、请解决附件中的问题, 之后发送80袋发芽米粉。

(2)

陈总经理收

您好!

　　如下是陈总经理要求的有关我们食品检验报告的内容。

1. 我们已经拿到了多项检测报告并以上述报告为基础销售。

　　进入本公司的网站www.abccompany.com, 可查看各种检测报告。

2. 陈总经理的客户需要的检测报告是哪种?

　　另外告知我们客户用于什么目的需要检测报告正本?

3. 如客户要求检测报告的正本, 我们需要向检验机构申请检测报告正本。

　　如需要按进行上述内容, 须支付另外检测报告的费用, 检测期也需要20日左右。

　　请陈总经理联系该客户, 告知客户上述的情况。

谢谢

(1)

홍 사장님 안녕하세요.

먼저 발아현미의 식품검사 보고서와 영양성분표를 보내주시기 바랍니다. 귀사의 것이 아니어도 됩니다.

1. 80봉지 발아현미가루 상표 스티커를 제거 후 빠른 시간 내에 보내주세요.

2. 구체적으로 언제 발아현미가루 식품 검사보고서와 영양성분표를 제공할 수 있는지?

3. 첨부문서에 있는 문제를 해결하신 후 80봉지를 보내주시기 바랍니다.

(2)

진 총경리님 귀하

안녕하세요?

아래는 진 총경리께서 요구하신 식품검수보고서에 관한 내용입니다.

1. 우리는 우리 제품에 대해 이미 발급받은 여러 종류의 검사서를 받아 영업해 오고 있습니다. 우리 회사 사이트 www.abccompany.com을 들어가시면 각종 검사서를 볼 수 있습니다.

2. 그런데, 진 총경리 고객이 원하는 검사서는 어떤 종류인지요?

또한 고객이 어떤 목적으로 검사서 원본을 원하는지 알려주세요.

3. 만약 고객이 검사서 원본을 원하면 우리는 다시 검사소에 우리 제품을 검사 의뢰하여 검사서 원본을 재발급받아야 합니다.

이럴 경우 검사비용이 추가로 소요되며, 검사기간도 약 20일이 소요됩니다.

진 총경리께서 고객을 만나보시고 상기 사항에 대해 말씀드리시기 바랍니다.

감사합니다.

 生词、生句

1. 检验报告 [jiǎnyànbàogào] 검수, 검사보고서

2. 营养成份表 [yíngyǎngchéngfènbiǎo] 영양성분표

3. 贴纸 [tiēzh] 스티커

4. 客户 [kèhù] 고객(일반적으로 기업을 지칭)

    * 顾客 [gùkè] 고객(일반 소비자)

5. 检验机构 [jiǎnyànjīgòu] 검수 기구

    * 机关 [jīguān] 기관, 일반적으로 기관 아래에 몇 개의 기구가 있다.

(1)
朱波董事长

您好!
　　我们想了解上次在10月14日给您发送的邮件是否已收到。
　　如已查阅, 希望了解贵公司的决定。
　　上一次邮件的内容不是本公司最终的决定, 而是需要听取贵公司的建议。
　　如本公司提出的计划和贵公司的建议不一致, 请告知我们贵公司的建议, 我们会积极研究, 能够与贵公司进行交易, 为此我们会投入不懈的努力。不论贵公司的建议如何, 都敬请回复。
　　我们希望能够收到积极的回复。
　　祝贵公司不断发展, 董事长以及全家人健康幸福。

(2)
洪吉东社长
您好!
　　感谢您的信, 非常同意您的合作预期!
　　以下是收取资料和样品的地址, 请您费心了!
　　中华人民共和国深圳市ABC大厦1234栋123号室
　　收件人　刘福军 先生
　　电话: 12345678910
　　烦请资料及样品尽量丰富, 有劳费心!
　　预祝身体健康, 家庭幸福, 工作顺利, 步步高升!

　　深圳ABC有限公司 董事长 朱波 敬上

(1)

Zhu bo 동사장님

안녕하십니까?

지난 10월 14일자로 Zhu bo 동사장님께 보낸 메일을 보셨는지 궁금합니다.

만일 보셨다면 귀사에서는 어떻게 생각하고 계시는지 알고 싶습니다.

저번에 보낸 메일은 최종 결정이 아닌 귀사의 의향을 묻는 내용이었습니다.

저희 회사에서 제시한 계획이 만일 귀사의 의견과 일치하지 않는다면 귀사의 의견을 저희에게 통보하여주시면 가능한 모든 면에서 긍정적으로 연구하여 귀사와의 거래가 시작될 수 있도록 노력할 것입니다.

어떤 의견을 가지고 계시든 간에 일단 연락을 주시면 좋겠습니다.

호의적인 회신을 기대합니다.

귀사와 사장님의 가정에 건강과 행복이 함께하며 만사가 뜻대로 잘 이루어지기를 기원합니다.

(2)

홍길동 사장님

안녕하세요?

메일 잘 받았습니다. 당신의 합작에 대한 기대에 진심으로 동의합니다.

이하는 자료와 샘플의 받을 주소입니다. 수고스럽지만 부탁드립니다.

받는이 Mr. Liu fu jun

전화: 12345678910

자료와 샘플은 되도록 많이 주시면 감사드리겠습니다

건강하시고, 가정에 행운, 일은 순조롭게, 점점 발전하시길 빕니다.

심천 ABC유한공사 이사장 Zhu Bo 드림

 生词、生句

1. 一致 [yízhì] 일치하다, 같다

2. 为此 [wèicǐ] 그렇기 때문에

3. 敬请 [jìngqǐng] 삼가 요청하다

4. 积极的回复 여기선 긍정적인 회신(답변)

5. 请您费心! 신경을 써주시기 바랍니다.

6. 有劳费心! [yǒuláo fèixīn] 수고스럽지만, 신경 좀 써주시기 바랍니다.

张经理 收

您好!

    在迎接丙申年的春节的同时, 希望贵公司事业有更大的发展。

    希望我们通过更加积极的合作, 互相间能够有更大的发展。

    我在1月12日访问贵公司时提出的内容, 除了会扩大我们公司产品市场之外, 还会开发新产品。

    我们在促进上述项目时, 希望获得贵公司的帮助。

    另外, 我们正在建立贵公司用的产品的生产计划, 请告知我们贵公司的订购计划。

谢谢

장 경리 귀하

안녕하세요?

병신년 춘제를 맞아 계획하신 사업이 더욱 번창하길 기원합니다.

우리는 금년에도 귀사와 적극적인 업무 협력을 통해 상호 발전하기를 희망합니다.

우리는 지난 1월 12일 귀사 방문 시 설명했듯이 우리 제품의 시장 확대뿐만 아니라 신제품 개발을 확대해나갈 계획입니다.

우리는 이런 사업을 추진해나가는 데 있어 귀사의 협력을 기대합니다.

아울러, 우리는 귀사가 지속적으로 구매하고 있는 본사 제품의 생산 계획을 준비 중이니 귀사의 주문 계획을 알려주시면 감사하겠습니다.

감사합니다.

 生词、生句

1. 迎接春节 [yíngjiē chūnjié] 춘절을 맞이하다
2. 在~同时 ~할 때
3. 有更大的发展 더 큰 발전
4. 除了~之外 ~이외에
5. 项目 [xiàngmù] 프로젝트, 사업
6. 生产计划 [shēngchǎnjìhuà] 생산 계획
7. 订购计划 [dìnggòujìhuà] 구매 계획

출장 계획 통지

(1)

我已收到张经理发送的邮件并已了解其内容。

对张经理能够积极地协助业务表示感谢。

1. 北京出差时间为3月11日至3月13日, 我们预订航班后, 会告知您到达北京的时间。

2. 有关ABC订购计划: 订购1吨时, 我们报价为 U\$47/Kg CIF天津。请理解此价格是只给张经理的最优惠的价格。交货期为3周。

如张经理接受报价, 我们会发送合同书。

首先我们去北京时携带50kg, 以后再发送剩余的数量。

等您回复。

(2)

刘经理

我们为参加3月11日至4月13日在北京举办的展览会计划去中国出差。

我们参加北京展会后, 3月13日 (周六) 乘坐高铁从北京到上海。上海出差的目的是与张经理洽谈。

我们预计在3月13日和14日停留在上海, 15日 (周一) 回韩国。

我们希望了解我们在上海停留时, 能够和张经理见面洽谈。

稍后告知您我们的详细出差日程。

(1)

장 경리께서 보낸 메일 잘 이해했습니다.

그리고, 장 경리의 적극적인 사업 협력에 관해 감사드립니다.

1. 북경 출장은 3월 1일부터 3월 13일까지 예정이며, 항공기 좌석 예약 후 북경 도착 시간을 알려드리겠습니다.

2. ABC주문 계획에 관해 : 1톤 주문 시 가격을 U$47/Kg CIF천진항으로 드리겠습니다. 이 가격은 장 경리에게만 드리는 최선의 가격임을 이해해주시면 감사하겠습니다. 납기는 3주입니다.

장 경리께서 주문을 동의해주시면 계약서를 보내드리겠습니다.

우선 이번에 북경 방문 시 약 50kg를 가지고 갈 예정이며, 나머지 물량은 추후 보내드리겠습니다.

장 경리의 답변 기다리겠습니다.

(2)

류 경리님

우리는 3월 11일부터 3월 13일 북경에서 개최되는 전시회에 참관하기 위해 중국으로 출장 갈 계획입니다.

우리는 북경전시회를 관람한 후, 3월 13일(토요일) 고속기차 편으로 북경에서 상해로 갈 계획입니다. 상해 출장 목적은 류 경리과의 면담뿐입니다.

상해 체류는 3월 13일과 14일이며, 15일(월요일)에 한국으로 귀국할 예정입니다.

우리의 상해 체류 기간 중 당신과 면담이 가능한지 알고 싶습니다.

세부적인 출장일정 계획은 추후 알려드리겠습니다.

 生词、生句

1. 至 〔zhì〕 ~까지
2. 航班 〔hángbān〕 운항편, 항공편
3. 接受 〔jiēshòu〕 받아들이다 (accept)
4. 剩余 〔shèngyú〕 나머지
5. 乘坐 〔chéngzuò〕 (자동차, 배 등을) 타다
6. 高铁 〔gāotiě〕 (高速铁路) 고속철도
7. 详细 〔xiángxì〕 세부

徐总

很高兴在泰国展会上了解到贵司和贵司产品的一些基本情况，也很感谢您给我们发邮件。

关于贵司的产品，我公司正在开会讨论。

在贵司的网上产品较多，请麻烦您是否可以再发一下产品的详细资料，包括可供选择的产品、价格、图片、内外包装规格、保质期、装柜数量、最低起订量等，以便我们更准确的核算成本和市场调研。

谢谢

서 사장님

태국 박람회에서 귀사와 귀사의 제품의 기본 사항을 이해할 수 있어 매우 영광스럽게 생각하며, 회신에 매우 감사합니다.

귀사의 제품에 대해서 폐사는 수입계획을 협의 중에 있습니다.

귀사의 홈페이지에 있는 제품이 비교적 많습니다. 죄송하지만 정확한 원가 계산과 시장 조사를 위해 상품의 세부자료, 선택 가능한 제품, 가격, 도면, 내/외부포장 규격, 유통기간, 컨테이너 입수량, 최소주문수량 등을 보내주시면 감사하겠습니다.

감사합니다.

生词、生句

1. 情况 [qíngkuàng] 상황, 정황
2. 包装 [bāozhuāng] 포장하다
3. 市场调研 [shìchǎngdiàoyán] 마켓 리서치 (market research)
4. 保质期 [bǎozhìqī] 품질 보증 기간

요청에 대한 답신

盛总经理 收

感谢您的回复。如下有您要的内容。
- 价格: 请查看附件。
- 图片: 请查看附件。
- 内外包装规格: 请查看附件。
- 保质期: 1年
- 集装箱规格: 20FTx1 288CT、40HQx1 670CT
- 最少订购量: 一个集装箱 (20FT)
如有咨询事宜, 请随时联系。

谢谢

성 사장님

회신 감사합니다. 아래와 같이 요청하신 부분 회신드립니다.

– 가격: 첨부파일 참조

– 도면: 첨부파일 참조

– 내/외포장규격: 첨부파일 참조

– 유통기간: 1년

– 컨테이너 입수량: 20FTx1 288CT 그리고 40HQx1 670CT

– 최소발주수량: 20FT 컨테이너 1개 이상

문의사항이 있으시면 언제든지 연락 주세요.

감사합니다.

 生词、生句

1. 回复 [huífù] 회신하다. 답신하다

2. 内容 [nèiróng] 내용

3. 价格 [jiàgé] 가격

4. 规格 [guīgé] 규격

5. 最少订购量 [zuìshǎodìnggòuliàng] 최소주문양(MOQ)

업무 메일

　　关于与ABC丁先生的误解, 我深感歉意。以下是我需要表述的几个意思, 麻烦帮忙转述, 并给于沟通。

1、感谢玩具董事长对我们的信任, 达成初步合作的意向。

2、前期公司会负责做玩具市场的调研工作, 并根据该品牌玩具的卖点、市场定位、品牌在韩国本土、中国市场的销售情况, 结合韩国的零售价格, 制定在中国的零售价。

3、得到玩具厂方的电商授权后, 我们将自营和入驻几个主流电商平台, 这方面工作非常多, 需要做产品详情、广告费、信用维护费、平台入驻费、平台佣金、快递费等。这些属于运营费用, 每天需要比较大的流动资金。

　　我们运营其他厂家品牌的鞋子, 品牌属于厂家, 我们属于代运营公司。

　　费用有如下两种方式:

1) 厂家支持库存, 运营费用厂家出, 工资给我们补贴 (1个运营人员、1个美工)。产出来的利润, 我们占有40%。

2) 厂家支持库存, 运营费用厂家出, 厂家不出工资补贴, 营业额我们抽8~10%。

　　　　　　　　　　谢谢!

ABC의 중국 담당자 정 선생님과 얘기한 것에 조금의 오해가 있는 것 같아 죄송하게 생각합니다. 이하의 내용은 제가 하고 싶은 방식이니 한번 참고해주시기를 부탁드립니다.

1. 우선 회장님께서 저희를 믿고 일을 맡겨주시려는 것에 감사합니다.
2. 초기에 폐사는 완구시장조사를 시작하고, 이 브랜드의 세일즈 포인트, 시장, 포지셔닝 및 한국본토 및 중국시장의 브랜드에 대한 소비상황에 대하여 한국 소비자가격을 근거로 중국의 소비자가격을 제안하고 싶습니다.
3. 저희는 귀사로부터 온라인 판매 권한을 받은 후 직영으로 운영하는 전자상가 및 중국의 메인 전자상가 플랫폼에 진입할 예정이며, 이로 인해 중국에서 작업할 일들이 많을 것입니다. 예를 들어 상품 상세페이지 작업, 광고, 판매자 신용등급 올리기, 플랫폼 진입 비용, 페이지뷰 비용, 운송비 등을 부담할 예정인데 이러한 비용 또한 만만치 않습니다.

저희는 지금 다른 신발브랜드를 운영하는데 브랜드는 메이커에 속하며, 우리는 운영을 대행하고 있습니다.

비용은 아래 두 가지 방식이 있습니다.

1) 브랜드사는 재고를 지원하고 운영비까지 지원합니다. 직원에게 월급으로 보상을 해주고(운영직원 1명, 디자이너 1명) 이익 중 40%를 나누는 방식
2) 브랜드사는 재고를 지원하고 운영비까지 지원합니다. 이후 판매 매출 금액 중 저희가 8~10% 정도를 주는 방식

감사합니다.

生词、生句

1. 误解 [wùjiě] 오해, 오해하다
2. 歉意 [qiànyì] 미안한 마음
3. 意向 [yìxiàng] 의향, 의사
4. 市场定位 [shìchǎngdìngwèi] 포지셔닝
5. 平台 [píngtái] 플랫폼
6. 流动资金 [liúdòngzījīn] 유동자금
7. 业绩 [yèjì] 업적

수입 관련 문의 메일

徐先生

　　您好, 我这里是A物流供应链集团公司, 专做进口清关的, 我是公司里面负责化妆品清关的业务主管小蔡, 经由瑞旭朱先生介绍, 得知您需要进口香皂, 并需要了解相关进口事宜。根据贵公司的情况上海进口的流程时间及资料, 请查看附件, 附件中我还加入我公司介绍及一些最近操作的香皂及知名品牌香皂的案例, 希望您也可以抽空查看一下。

　　有任何进口问题您都可以找我, 非常期望得到您的回复。

谢谢!

서 선생님

안녕하세요. 폐사는 수입신고를 전문으로 하는 A물류공급 체인그룹이며, 저는 화장품 세관신고업무 관리를 담당하고 있는 Xiao cai입니다. Rui xu zhu 선생님께 소개를 받았는데 비누 수입과 그에 관련하여 수입상황에 대해 알고 싶어 하신다고 알고 있습니다. 귀사의 상황에 근거하여 상해 수입의 과정시간 및 자료는 첨부파일을 참조해주시고, 첨부파일 중에는 폐사의 소개 및 최근에 진행한 비누 및 유명브랜드 비누의 사례가 포함되어 있으니, 시간을 내시어 한번 살펴보시길 바랍니다.

수입 관련한 어떠한 문제가 있는 경우 저를 찾아주시기 바라며, 회신을 기다리겠습니다.

감사합니다!

生词、生句

1. 清关 [qīngguān] 통관
2. 化妆品 [huàzhuāngpǐn] 화장품
3. 香皂 [xiāngzào] 비누
4. 资料 [zīliào] 자료
5. 知名品牌 [zhīmíngpǐnpái] 유명상표
6. 抽空 [chōukòng] 시간을 내어, 짬을 내서

플랫폼 진입에 대한 문의회신

您好

　　欢迎来邮, 请查看以下招商信息, 如符合B全球购入驻标准, 请留下以下信息, 会有对应品类的招商经理与您联系, 解答您的具体问题。

　　公司名称, 主营商品品类 (只写一种), 姓名, 电话, 邮件, QQ号

　　以下是B全球购合作要求:

1、商家资质: 海外公司实体、零售/贸易资质。

2、支付方式: B(HK)以美元付给商家海外账户。

3、商品展示方式:　产品直接展示在B主站, 并标有京东全球购的标示。

4、物流: 小包裹直邮。

5、收费:　质保金:　10000-15000美元, 平台使用费: 每年1000美元, 佣金: 根据不同类目有所不同。

6、供应商结算账期: 月结

7、结算货币类型: 美元。

8、商品要求: 正品保障, 经国际物流经中国海关正规入关。

9、商品页面: 页面信息需中文描述, 使用国际公制度量单位, 配备中文客服。

　　如果有什么问题, 可以随时跟我联系。

안녕하세요.

메일을 주셔서 감사드립니다. 아래와 같이 유치정보를 살펴보시기 바라며, B글로벌 역직구 표준에 부합하신다면 아래의 정보를 남겨주세요. 관련 품종의 유치 경리가 당신께 연락을 드려 당신의 구체적인 질문에 회답을 할 것입니다.

회사명, 주요 상품 종류(한 가지만), 이름, 전화번호, 이메일, QQ번호

이하는 B글로벌 역직구의 합작 요구입니다.

1. 판매자 자격: 해외회사 실체, 소매/무역자질, 브랜드

2. 지불방식: B(HK)에서 미화 달러로 판매자 해외계좌로 지불

3. 상가전시방식: B의 주요 사이트에 상품을 직접 전시하며, B글로벌 역직구에 표시함

4. 물류: 소포장 우편

5. 수수료: 보증금: 10,000~15,000달러, 플랫폼 사용비: 매년 1,000달러, 중개수수료: 카테고리마다 다르게 적용

6. 공급상 결제 시기: 월결산

7. 결제화폐 유형: 달러

8. 상품요구: 정품 보장, 국제물류를 통해 중국 세관을 정식으로 통과한 것

9. 상품페이지: 페이지 정보는 중국어로 할 것, 미터법과 도량단위를 사용할 것, 중국어 고객 응대를 할 수 있게 할 것

질문 있을 경우, 언제든 연락 주시기 바랍니다.

 生词、生句

1. 联系 [liánxì] 연락하다, 연락, 연결하다, 연결

2. 贸易 [màoyì] 무역, 교역

3. 美元 [měiyuán] 미국 달러

4. 账户 [zhànghù] 계좌, 장부, 명세서

5. 凭证 [píngzhèng] 증거, 증빙

6. 资质 [zīzhì] 자질, 자격

7. 尽快 [jǐnkuài] 되도록 빨리

8. 随时 [suíshí] 수시로, 즉시, 언제나

사장직 사임 알림(인사 관련)

总经理退休公告

今天召开的每日钢铁股东大会上正式公布了我从总经理及董事会上退下来。接任的有可能是现任特殊制钢公司总经理，又是每日钢铁创始人之一的洪吉东先生。

我想大家都知道，每日钢铁成立以后我与公司共同度过了17年。由此我有幸目睹了公司成长成为世界上最现代化及最有效率的钢铁公司之一。

感谢多年来大家对我的支持，我想如果没有大家的支持我司也不能发展到现在规模，今后也拜托大家多多支持每日钢铁。

接任的洪总经理是我认识的人中最有能力的人。拜托大家就像支持我一样支持洪总经理。

深表感谢，祝愿大家幸福。

금일 개최된 매일철강의 연차 주주총회에서 저의 사장직 및 중역회로부터 은퇴가 정식으로 발표되었습니다. 후임은 현 특수제강회사의 사장이며 매일철강의 창설 멤버의 한 사람인 홍길동 씨가 될 것입니다.

아시리라고 생각합니다만, 저는 매일철강과 창립 이래 17년간을 함께 지냈습니다. 따라서 회사가 성장하고 세계에서 가장 현대적이며 가장 효율이 좋은 철강 생산업체의 하나로 명성을 얻는 것을 목격하는 특권과 영광을 누렸습니다.

여러 해에 걸쳐서 격려해주신 데 대해서 감사를 드립니다. 여러분의 지원 없이는 당사도 여기까지의 발전이 없었다고 생각합니다. 이후에도 매일철강을 잘 부탁드리는 바입니다.

후임 홍 사장님은 제가 아는 가장 유능한 인물 중의 한 사람입니다. 제가 여러분에게서 받은 지원을 부디 홍 사장님에게 베풀어주시기 바랍니다.

깊이 감사드리며 여러분의 행복을 빕니다.

 生词、生句

1. 股东大会 〔gǔdōngdàhuì〕 주주총회
2. 董事会 〔dǒngshìhuì〕 이사회
3. 之一 〔zhīyī〕 ~ 중의 하나
4. 规模 〔guīmó〕 규모
5. 拜托 〔bàituō〕 부탁드립니다, 부탁드리다

회사 소개 및 합작 건의

李总收

我是韩国美芝国际会社的徐志伟。

美芝国际为在韩企业，主要生产和销售化妆品及食用菌类产品。

鉴于永辉超市的跨境项目，我将我公司能给贵公司提供的利益点，合作提案简述如下：

1. 基础合作项目：

商品管控、供应商管理、仓库管理、出口管理、采购合同签订 。

2. 合作优势：

1) 商品优势：可精选韩国热门、质量上乘、性价比高、有差异性的食品、保持和优秀供应厂商的实地合作关系，对产品质量、生产周期、保质期等主要环节的深度控管。

2) 价格优势：扁平化的供应价格体系，美芝国际在韩是拥有进出口权的企业，得到韩国地方政府的支持，除自营产品外，我们还拥有韩国优秀供应厂商的资源及供应价格。

3) 物流优势：美芝国际不仅在中国北京拥有自有进出口公司。

以上，烦请斟酌！如李总有意向，我们可以进行面谈。

期待有良好的合作模式。

谢谢！

Li 사장님

저는 미지인터네셔널 서지위라고 합니다.

미지인터네셔널은 한국의 회사이며, 주로 화장품 및 식용종균을 생산, 유통하고 있습니다.

Yong hui 슈퍼마켓의 전자상거래 항목에 대해서 폐사가 귀사에 제공할 이익과 합작을 아래와 같이 기술하였습니다.

1. 기본합작항목: 상품 관리, 공급업자 관리, 창고 관리, 수출 관리, 구매계약 체결

2. 합작장점

1) 상품장점: 한국의 최고 인기 상품 선정, 품질이 우수하고, 가성비 높은 제품, 차별화된 식품, 메이커와의 긴밀한 협조가 가능하며, 품질과 생산주기, 품질보증기한 등을 깊게 컨트롤할 수 있습니다.

2) 가격장점: 중간마진을 줄인 공급시스템, 미지인터네셔널은 한국에서 수출입권을 가진 기업으로, 한국 정부의 지원을 받고 있습니다. 자체적으로 다루고 있는 제품들 외에 한국의 우수한 기타 상품을 공급할 수 있습니다.

3) 물류장점: 미지인터네셔널은 중국 북경에 수출입회사를 갖고 있습니다.

이상 검토 바랍니다. 만약 Li 사장님께서 의향이 있으면 만나 뵙고 상의드리겠습니다.

장기적인 합작파트너가 되길 희망합니다.

감사합니다.

 生词、生句

1. 销售 [xiāoshòu] 판매하다, 판매
2. 简述 [jiǎnshù] 약술하다, 간단히 서술하다
3. 管控 [guǎnkòng] 관리하고 통제하다
4. 签订 [qiāndìng] 체결하다, (함께) 서명하다
5. 热门 [rèmén] 인기 있는 것
6. 合作关系 [hézuòguānxì] 합작관계
7. 地方政府 [dìfāngzhèngfǔ] 지방정부
8. 自营 [zìyíng] 자기경영

청구서 중복발행 사과 메일

重复发送账单相关致歉

本邮件是您2月11日邮件中支出重复账单相关回复。

就像您指出的 No. 01807-J与已完结的No. 10732-J账单重复的账单。请忽略No. 01807-J, 只支付No. 10732-J相关费用就可以了。

对于因我们工作上的失误给您带来不便, 我们深表歉意, 今后不会再犯下相同的错误。

청구서 중복발행 사과

　　본 메일은 귀하가 2월 11일자 이메일에서 지적하신 이중 청구 문제에 대한 답장입니다.

　　지적하신 대로 인보이스 No. 01807-J는 확실히 인보이스 No. 10732-J에 의해서 이미 청구한 품목과 중복되어 있었습니다. 인보이스 No. 01807-J는 무시하고 No. 10732-J에 대해서만 지불하시기 바랍니다.

　　금번 사무상의 과오로 폐를 끼쳐드린 데 대해서 사과드리며 재차 이와 같은 착오가 일어나지 않도록 최선을 다하겠습니다.

生词、生句

1. 清款单 [qīng kuǎn dān] 청구서
2. 指摘 [zhǐzhāi] 지적하다
3. 按照 [ànzhào] …에 의해, …에 따라
4. 发货单 [fāhuòdān] 인보이스

회사 소개 2

Dear

　　我是韩国美芝国际的徐志伟, 我公司的主营业务是将韩国产品销往中国市场, 我们在中国上海建立有分公司。

　　在中国, 我们的渠道主要有A、B、C和D等电商平台商。

　　目前, 我公司成为了 A公司的韩国馆总负责公司。

　　参考地址: http://www.xxxxxxx.com

　　该平台占据中国女性消费市场70%的份额, 同时也是一家海外上市公司。A公司给予我公司流量导入支持, 4月份起每期活动, 一天 (一天3小时首页活动)。销售量为1500-2000个订单 (单品销售量为200-300万人民币)。贵公司若在女性时尚服装有产品独特优势, 并有销往中国的计划, 我们期待能成为我公司的供应商。

　　请随时联系。

谢谢

저는 한국의 미지인터네셔널 서지위라고 합니다. 폐사의 주요 업무는 한국제품을 중국시장에 판매하는 것이며, 상해에도 저희 회사가 있습니다.

중국에서 저희의 루트는 주로 A, B, C와 D 등 전자상거래 플랫폼이며, 판매자로 공급하고 있습니다.

현재 폐사는 A사의 한국관 총책임자가 되었습니다.

참고주소 : http://www.xxxxxxx.com

본 플랫폼은 중국여성 소비시장의 70%를 점유하고 있으며, 동시에 해외에서 상장한 회사입니다. A사는 우리 회사에 트래픽 유입 서비스를 지원하고 있고, 4월부터 매 분기 이벤트를 할 예정입니다(1일 3시간 메인페이지 이벤트). 판매량은 1500~2000건의 Order(단품 매출 인민폐로 200~300만 위안)에 달합니다. 귀사에 만약 여성의류에 독특한 장점이 있고, 중국에 판매할 계획이 있으시다면, 저희 회사로 공급해주시기를 기대하고 있습니다.

연락 바랍니다.

감사합니다.

生词、生句

1. 主要 [zhǔyào] 주요한, 주된
2. 消费市场 [Xiāofèishìchǎng] 소비시장
3. 份额 [fèn'é] 몫, 배당, 할당, 일부분
4. 上市公司 [shàngshìgōngsī] 상장회사
5. 流量 [liúliàng] 유량
6. 成为 [chéngwéi] ~가 되다, ~(으)로 되다

업무 문의 메일

如下提出有几项咨询:

1. 是否编写香皂的主要特点? 比如是否编写"西柚提取物能够净化肌肤深层, 以及以向细胞组织提供营养, 提高肌肤弹性的同时预防肌肤老化"?

2. 能否按如下起名: 西柚香皂、橄榄香皂、马油香皂、红参香皂、蚕丝蛋白香皂。

3. 在香皂表面刻印的字体是否由贵公司提供? (请查阅附件)

4. 有关支付方式:

50%的首付款什么时候支付?

另外, 分配装船时, 剩余的50%是否按照贵公司的付款方式, 即下一月的7日结算, 下一月的月底支付?

5. 按附件, 蚕丝蛋白香皂不提供条纸。(请查看附件)

6. 上次提供给我们参考的红参香皂和蚕丝蛋白香皂套装盒内有非织造布。在红参香皂和蚕丝蛋白质香皂盒内是否放入该非织造布?

　　请回复。

　　　　　　　　　　　谢谢

아래와 같이 몇 가지 궁금한 사항들을 질문드립니다.

1. 비누의 컨셉에 대해서도 적어야 하는지요? 예를 들어 "자몽추출물이 피부 속 깊이 정화하고 세포조직에 영양분을 공급해 피부 탄력을 주며 피부 노화를 방지" 이런 문구도 적어야 하는지?

2. 이름은 자몽비누, 올리브비누, 마유비누, 홍삼비누, 실크단백질비누 이런 식 으로 지으면 되는 건지요?

3. 비누상 들어가는 문구 디자인도 귀사에서 주시는지요? (첨부파일 참조)

4. 결제방식에 대해:

   50% 선입금은 언제쯤 들어오는지요?

   그리고 분할 선적 시 나머지 50%에 대해서는 기존 귀사의 결제방식으로 익 월 7일 결산, 월말 방식으로 진행되는 건지요?

5. 실크단백질은 첨부해서 주신 파일처럼 띠지 없이 진행하도록 하겠습니다. (첨부파일 참조 요망)

6. 지난번 참고용으로 보내주신 홍삼비누와 실크단백질의 패키지에 아래 하얀 부직포 같은 것이 들어가 있는데 이것도 넣어야 하는 건가요?

이상 확인하시고 답변 부탁드리겠습니다.

감사합니다.

 生词、生句

1. 编写 〔biānxiě〕 창작하다
2. 提取物 〔tíqǔwù〕 추출물
3. 老化 〔lǎohuà〕 노화하다
4. 弹性 〔tánxìng〕 탄력
5. 付款方式 〔fùkuǎnfāngshì〕 지불방식
6. 月底 〔yuèdǐ〕 월말
7. 红参 〔hóngshēn〕 홍삼
8. 蛋白质 〔dànbáizhì〕 단백질

선적 요청, 품질 개선 약속

(1)

洪科长你好!

　　200kg的定金已付, 请尽快安排装船出货。

　　为了能更好的销售贵公司的纤维产品, 请贵公司在本月20日前出示一份价格不高于USD70/kg和最短交期的保证函, 以便我司制定相关计划。

　　如果没有及时收到贵司的保证函, 我司将视为贵司不愿配合我司销售这类产品, 我司会作其他的计划。

(2)

张经理　收

您好!

我们已了解您发送的E-mail的内容, 如下是回复咨询的事项:

1. 有关DTEX的事宜: 从下一订单开始, 我们将1卷产品的DTEX调整到5500DTEX(加减7%)。

另外, 张经理在生产人造草坪时, 提前告知我们规格, 我们会生产符合规格的DTEX的纤维。

2. 有关包装: 从下一订单开始, 将每卷的产品单独包装, 以免各卷产品相互挤压。

　　非常感谢张经理提出的改善品质的建议, 我们为了能够根据客户的要求改善品质, 会更加努力。

(1)

　홍 과장님 안녕하세요.

　200kg의 계약금 이미 지불했습니다. 바로 선적해주시기 바랍니다.

　귀사의 섬유제품을 더 많이 판매하기 위해, 이번 달 20일 전에 USD70/kg 보다 낮은 가격으로, 납기가 가장 빠른 보증서와 같이 주시면 계획을 세우기 편할 것 같습니다.

　만약 제때 귀사의 보증서를 받지 못한다면 우리에게 판매할 의사가 없다고 판단, 다른 계획을 세울 것 같습니다.

(2)

　장 경리님

　안녕하세요?

　장 경리님이 보낸 메일 내용 잘 이해했으며 문의하신 사항에 대해 다음과 같이 답변드립니다.

　1. 제품의 DTEX에 대해: 다음부터는 1 roll의 DTEX가 5500(more or less 7%)이 되도록 작업하겠습니다.

　그리고 장 경리님이 인조잔디를 만드시기 전에 알려주시면 우리는 더욱 균일한 DTEX를 가진 섬유를 만들겠습니다.

　2. 포장에 대해: 다음부터는 각 roll의 제품을 각각 포장하여 서로 눌리는 일이 없도록 하겠습니다.

　장 경리님의 품질 개선 요청사항에 대해 감사드리며, 우리는 고객의 요구에 따라 품질을 개선하도록 더욱 노력하겠습니다.

 生词、生句

1. 定金 [dìngjīn] 계약금
2. 以便 [yǐbiàn] ~하기 위해
3. 视为 [shìwéi] ~로 간주하다
4. 不愿 [bùyuàn] 원하지 않다
5. 人造草坪 [rénzào cǎopíng] 인조 잔디
6. 规格 [guīgé] 규격(specification)
7. 改善品质 [gǎishàn pǐnzhì] 품질 개선

품질 문의에 대한 답변

洪工: 您好!

质量分析:

1、图A和图C, 都不是薄膜破损, 如是整卷都有破损, 肯定是货物本身的问题, 如果只是薄膜的外面一段有破损, 有两种可能:

a、薄膜出厂没检验出, 这样的情况第一次遇到, 因为在生产和检验的时候需要通过三次检验。

b、在运输途中碰撞, 产生破损, 那工厂一般在收货时都有基本的检验, 起码外观会做验收, 很容易发现破损, 并及时处理。

c、在生产过程或半成品转运过程碰撞产生破损。这样的情况会有, 但不会很多, 一般出现一两小卷, 并且都是外部破损, 里面会正常。

2、图B的外部褶皱, 这个昨天的邮件已经说明, 因为薄膜生产出来后需要降温, 我们的设备精度不是特别好, 这个褶皱不是很大的情况一般不会影响最后的使用。

以上说明请核实!
祝安康!

홍 엔지니어님: 안녕하세요!

품질 분석

1. 그림 A와 C를 보시면 필름 손상이 아닙니다. 만약 전체 필름에 손상이 있을 경우 필름 자체에 문제가 있는 것이고, 만약 외부 일부분만 손상이 있다면, 두 가지 가능성이 있습니다:

a . 필름 출하 시 검수되지 않은 것인데 이러한 현상은 처음 접해보는 것입니다. 생산과 검수 시 세 번의 검수를 거치게 되기 때문입니다.

b. 운송 도중 충격에 의해 손상이 일어났다면 공장에서 물품 수령 시 기본적으로 검수하고, 최소한 외관은 검수해서 이런 손상은 쉽게 잡아내어 처리했을 것입니다.

c. 인쇄 혹은 기타 생산과정 혹은 반제품 환적 과정에서 충격에 의해 손상될 수도 있습니다. 하지만 그리 많지는 않습니다. 일반적으로 1~2롤 정도이며, 모두 외부에 손상이 있으며, 안쪽은 정상적입니다.

2. 그림 B의 외부 주름은 어제 메일로 설명드렸습니다, 필름 생산 후 온도를 낮추어야 되는데 우리 설비의 정밀도가 그렇게 좋지는 않습니다. 이러한 주름은 그렇게 심각하지 않으면 마지막 사용 시에 영향을 주지 않습니다.

이상이며 검토 바랍니다.

Best Regards

 生词、生句

1 . 薄膜 [bómó] 필름
2 . 破损 [pòsǔn] 파손되다
3 . 整卷 [zhěng juǎn] 전체 롤
4 . 可能 [kěnéng] 여기서는 가능성
5 . 出厂 [chūchǎng] 출하, 공장 출고
6 . 遇到 [yùdào] 만나다, 봉착하다
7 . 碰撞 [pèngzhuàng] 부딪치다
8 . 产生破损 파손이 생기다
9 . 及时 [jíshí] 제때, 곧
10 . 转运 [zhuǎnyùn] 환적
11 . 褶皱 [zhězhòu] 주름
12 . 降温 [jiàngwēn] 온도를 낮추다

你好！

我是首尔ABC Company的洪吉东。

是通过越南河内的合作伙伴认识您的。在您的理解和帮助下，收到贵公司发出的供应合同，但还未告知您有关装船的计划，感到非常歉意。

首先表示深切的歉意，请理解。

借此信，说明这一段时间的工作情况及几项要求事项，请接收。

到目前为止，本公司的销售内容如下：

- 在2018年3月接收贵公司的供应合同，我们向5～6个主要顾客公司提供了贵公司的样品，在品质和价格上受到好评价。

但，因我们默认双方的正式交易从今年9月开始，所以我们在等待。

要求事项

1. 有关以首批装船为目的，开设的信用证，请延长3个月。

我们尽力在7月份申请装船。

2. 我们承诺会遵守有关2018年的转船计划。

但，2018年7月开始，肯定施行，所以请同意及保存合同内容。

※ 如需要其他要求事项，请联系我们。

如同意上述内容，本公司职员会到贵公司去。

안녕하십니까?

ABC Company의 홍길동입니다.

베트남 하노이 지인들의 도움으로 귀하를 소개받고 귀하의 호의적인 이해와 도움으로 귀사의 공급계약서를 받은 후 3개월이 지나도록 선적계획을 알려드리지 못하여 대단히 미안합니다.

우선 심심한 사과와 더불어 이해를 구합니다.

그간의 당사 활동상황을 설명드림과 동시에 몇 가지 요청사항을 말씀드리오니 들어주시면 감사하겠습니다.

현재까지 당사의 판매활동 내용입니다.

– 2018년 3월 귀사의 공급계약서를 받은 후 귀사의 샘플을 5~6개의 주요회사에 제공하였던바 그들로부터 품질과 가격 모두 좋은 평을 받았습니다.

다만, 거래 개시는 금년 9월부터 가능함을 상호 이해하고, 기다리는 중입니다.

요청사항

1. 첫 선적용으로 개설된 신용장 유효 기일을 3달 연장하는 데 동의해주십시오. 가급적 7월에 선적할 수 있도록 하겠습니다.

2. 2018년도 선적계획에 대한 합의내용은 틀림없이 지킬 것을 약속드립니다.

단, 2018년 7월부터는 확실히 실행되도록 하겠으니 계약내용을 합의, 보존하여주십시오.

다른 요구사항이 있으시면 연락 부탁드립니다.

동의해주시면 당사 직원이 직접 방문하도록 하겠습니다.

 生词、生句

1. 供应合同 [gōngyìnghétong] 공급 계약서
2. 感到~歉意 미안함을 느끼다
3. 表示~歉意 미안함을 표시하다
4. 深切 [shēnqiè] 깊이
5. 借此信 이 편지를 빌어서
6. 受到好评价 좋은 평가를 받다
7. 首批 [shǒupī] 첫 번째 LOT
8. 以~为目的 ~을 목적으로
9. 承诺 [chéngnuò] 약속하다

(1)

收: 张经理

您好!

　　我是我们两家公司之间负责进行业务的（株）ABC公司的洪吉东代理。

　　（株）ABC公司总部在韩国，通过在全世界建立的销售点，进行交易的一家贸易专业公司。这次我们对中国的户外服装饰品有了兴趣，所以向贵公司联系。

　　通过我们公司的理事，简单了解到贵公司。但希望更详细了解贵公司，所以能否提供一份更详细的公司信息及产品说明？

　　希望我们两家公司的业务有了极大发展，另外希望早日成为共同发展的好伙伴。

请早日回复。

(2)

"2019年将至，新年快乐"

　　感谢您对我们公司一如既往的支持，在以往的日子里，得到您的信任和支持，这是我们最宝贵的财富和您给予我们最珍贵的礼物。

　　在新的一年即将到来之际，我们在即将到来的新的一年里，会更加努力。

　　希望在新的一年里能够继续获得支持和关注。

　　另外衷心地祝福大家新春快乐、工作顺利、身体健康、阖家欢乐、新年吉祥！

(1)

수신: 장 경리님

안녕하십니까?

앞으로 저희 두 회사의 업무 진행을 맡게 된 ㈜ABC 홍길동 대리입니다.

저희 ㈜ABC사는 한국에 본사를 두고 전 세계에 구축해둔 네트워크를 통해서 무역업을 하는 무역회사입니다. 이번에 중국의 아웃도어 액세서리 시장에 관심을 가지게 되었고, 귀사의 제품에 관심을 가져 이렇게 연락드립니다.

저희 회사 이사님을 통해서 귀사에 대해 간단한 설명을 들었지만, 귀사의 자세한 회사 정보와 제품 설명을 제공받았으면 합니다. 가능하시겠습니까?

앞으로 우리 두 회사의 무궁한 발전을 기원하며, 빠른 시일 내에 파트너가 되었으면 합니다.

회신 기다리고 있겠습니다.

(2)

"2019년 새해 복 많이 받으세요"

2018년 한해 저희에게 보내주신 관심과 은혜에 감사드리며,

다가오는 새해에는 더욱 발전된 모습을 보여드릴 것을 약속드립니다.

아울러 새해에도 변함없는 관심을 부탁드리고,

이루고자 하시는 모든 일들 건승하시길 진심으로 바라오며,

건강과 행운이 늘 함께하시길 기원합니다.

2019년 새해 복 많이 받으시고, 가정에 늘 평안이 깃드시기를 기원합니다.

 生词、生句

1. 负责~业务 [fùzé yèwù] ~업무를 담당하다
2. 户外服装 [hùwài fúzhuāng] out door 의류
3. 饰品 [shìpǐn] 장식품, 악세사리
4. 销售点 [xiāoshòudiǎn] 판매 포인트
5. 能否提供 제공이 가능한지 〈能不能提供〉
6. 共同发展 [gòng tong fā zhǎn] 공동 발전, 동반 성장

시장 개척 메일에 대한 답변

(1)

张先生 您好!

我充分了解了张先生发邮件的内容。

且我对张先生努力开拓市场表示由衷的感谢。我期待基于张先生的努力, 双方获得丰富成果。

关于张先生咨询, 我的答复如下:

1. 关于客户要求的产品, 我们在访问上海时, 提出解决方案及对策。我已经说明过该产品的成本昂贵。

2. 在访问上海时, 我会带样品。

3. 去上海的时候, 我希望与张先生就开拓市场的合作方案协商。而且我对张先生邀请表示深深谢意。安排具体的日程后, 再告知张先生。

4. 我也为了张先生的商务取得成功作出力所能及的努力。

若与客户洽谈时, 需要合作或有疑问, 就随时联系我。

非常感谢

洪吉东 敬

(2)

洪先生:

您好!回复收到, 衷心感谢!预祝我们的合作圆满成功!期待与您的再次相见!

张飞

(1)

　　장 선생님 안녕하세요.

　　선생님의 메일 내용 잘 알겠습니다.

　　또한 장 선생님의 시장 개척에 대해 진심으로 감사드립니다. 장 선생님의 노력으로 쌍방이 충분한 성과를 이루길 바랍니다.

　　장 선생님의 질문에 대한 답변은 아래와 같습니다.

　　1. 고객이 요구한 제품은 상해 방문 시에 해결방법과 대책을 드리겠습니다.

　　이미 그 제품의 원가가 비싸다는 것 말씀드렸습니다.

　　2. 상해 방문 시 샘플을 갖고 갈 겁니다.

　　3. 상해에 갈 때 장 선생님과 시장 개척 협조방안에 대해 얘기 나누었으면 합니다.

　　또한 장 선생님께 진심으로 감사드립니다. 구체적인 일정을 확인한 후 다시 말씀드리겠습니다.

　　4. 저도 장 선생님을 위해 최선의 노력을 다하겠습니다.

　　고객과 상담할 때 협조나 의문이 있으시면 수시로 연락 바랍니다.

　　감사합니다.

(2)

　　홍 선생님

　　안녕하세요, 회신 잘 받았습니다. 정말 감사드립니다. 우리의 합작이 성공적이기를 기원하며, 당신과 다시 만나게 되길 바랍니다.

　　　　　　　　　　　　　　　　　　　　　　　　　　　　　　장비

 生词、生句

1. 由衷 [yóuzhōng] 충심으로

2. 期待 [qīdài] 기대하다

3. 基于 [jīyú] ~ ~에 기초한

4. 昂贵 [ángguì] 매우 비싼

5. 就开拓市场 여기서 就는 ~에 대한

6. 深深谢意 [shēnshēn xièyì] 깊은 감사

7. 作出努力 노력을 하다

　 力所能及 힘 닿는 데까지

8. 预祝 [yùzhù] 미리 축원하다

가격 제시 1

　　你好，附件有本公司的点读笔产品报价表、产品图片及详细介绍资料。请查阅。

　　如告知我们您的需求量，我们会提供最优惠的价格及服务，另外欢迎参观我们的工厂。

　　　　　　　　　谢谢！

안녕하세요. 첨부파일에 폐사의 사운드펜 가격표와 제품의 이미지, 자세한 소개가 첨부되어 있습니다.

참고 부탁드리며, 당신의 구매량을 말씀해주시면 가장 좋은 가격과 서비스를 드리겠습니다. 또한 공장의 참관도 환영합니다.

감사합니다.

 生词、生句

1. 附件 [fùjiàn] 첨부
2. 并 [bìng] 함께, 같이, 동시에
3. 查阅 [cháyuè] 열람하다
4. 优惠 [yōuhuì] 특혜의, 우대의
5. 工厂 [gōngchǎng] 공장
6. 参观 [cān guān] 참관하다
   参加 [cān jiā] 참가하다

포장에 관한 문의

　　我们想谈包装问题。你们对包装有什么要求? 如下是我公司考虑的包装事项, 请查阅之后给我回复一下。

1. 不同的商品需要不同的包装。

2. 醒目的包装有助于商品推销。

3. 机器的包装必须防潮、防震, 经得起粗鲁的搬运。

4. 用硬纸板箱作外包装比较轻便, 但容易破损。

5. 用木板箱作外包装很容易做到, 但成本较高。

6. 请务必保证包装质量。

7. 产品质量要好, 包装也要吸引人。

8. 在运输途中, 有什么保护性的包装?

9. 如果包装不符合海运要求, 保险公司可能会拒绝承担赔偿责任。

포장 문제에 대해 몇 가지 물어보고 싶습니다. 귀사에서 바라는 포장에 있어 어떠한 요구가 있으신지요? 폐사가 생각하는 포장사항은 아래와 같으니, 참고하시고 회신 부탁 드립니다.

1. 상품에 따라 다르게 포장을 해야 합니다.

2. 눈에 띄는 포장은 상품을 판매하는 데 도움이 됩니다.

3. 기계 포장은 습기와 충격을 방지해야 하며 운송과정에 다뤄지는 충격에도 문제가 없어야 합니다.

4. 판지로 된 상자는 외부포장을 할 경우 가볍긴 하지만 쉽게 파손될 수 있습니다.

5. 나무상자로 외부포장을 할 경우 간편하지만 원가가 비쌀 것입니다.

6. 반드시 포장 품질을 보증해주셔야 합니다.

7. 제품의 품질은 좋아야 하며, 포장 또한 사람의 이목을 끌어야 합니다.

8. 운송에 있어 어떠한 충격을 방지하는 포장을 하시나요?

9. 만약 포장이 해상운송의 요구에 부합하지 않는다면, 보험회사는 배상책임을 거부할 것입니다.

生词、生句

1. 醒目 [xǐngmù] 남의 주의를 끌다, 두드러지다, 눈에 뜨이다

2. ~有助于 [yǒuzhùyú] ~에 도움이 되다

3. 防潮 [fángcháo] 습기를 방지하다, 방습

4. 经得起 [jīngdeqǐ] 감당할 수 있다

5. 搬运 [bānyùn] 운송 [수송] 하다, 운반하다

6. 务必 [wùbì] 반드시, 꼭, 기필코, 반드시 …해야 한다

7. 吸引 [xīyǐn] 흡인하다, 빨아당기다 [빨아들이다] , 잡아 끌다

가격 인상 통지

调价通知函

尊敬的经销商朋友:

　　您好!在此衷心感谢您长期以来一如既往的大力支持,我们才能够长足稳定发展。本着大家互惠互利的原则,因最近原铺料价格大幅上涨,导致我公司生产成本随之上涨。我们为了能够持续稳定发展,与顾客保持长期良好合作,另外保证产品质量,经研究决定,2019年4月15日起对一下产品销售价格进行上调:

　　　　100地脚线上调0.05元/条

　　　　200地脚线上调0.06元/条

希望此通知能够得到您的理解、支持及配合。

祝广大经销商生意兴隆!

顺祝商祺!

가격 상승 통지서

존경하는 유통업자 여러분:

안녕하세요! 오랜 시간 지원해주셔서 이렇게 안정적으로 빨리 발전할 수 있었음에 깊은 감사를 드립니다. 상호간의 이익과 혜택의 원칙에 입각하여, 최근 원료, 부재료 가격의 상승으로 인해 폐사의 생산원가가 대폭 상승했습니다. 회사의 지속적, 안정적인 발전과 고객과의 장기적이고 원활한 협조를 위해, 또한 제품 품질의 안정을 위해 우리 회사는 2019년 4월 15일부터 이하 제품에 가격을 올리기로 결정하였습니다.

100 걸레받이를 0.05위안/개 인상

200 걸레받이를 0.06위안/개 인상

이러한 통지에 많은 이해와 협조 부탁드립니다. 여러분의 사업이 더욱 발전하기 기원합니다.

Best regards

 生词、生句

1. 稳定发展 [wěndìngfāzhǎn] 안정적으로 발전하다
2. 本着 [běnzhe] ~에 의거하여, ~에 입각하여
3. 互惠互利 [hùhuìhùlì] 상호 이익과 혜택을 주다
4. 大幅上涨 [dàfúshàngzhǎng] 대폭 상승하다
5. 生产成本 [shēngchǎnchéngběn] 생산원가
6. 另外 [lìngwài] 이외에

我是XX公司的业务代表。我公司愿意与贵公司建立贸易关系。贵公司经营什么商品? 我公司主要经营家用电器。如果你们的条件优惠, 我们愿意试销贵公司的产品。我可以看看你们的最新产品目录吗? 如果对样品感兴趣, 我们可以安排进一步的商谈。在谈价格之前, 我们想先了解产品性能和规格。我们的原则是重合同守信用。

저는 xx회사의 실무책임자입니다. 귀사와 무역관계 맺기를 희망합니다. 귀사는 어떠한 상품을 취급하고 계신가요? 폐사는 주로 가전제품을 취급합니다. 만약 당신들의 조건이 특혜가 있다면 우리들은 귀사의 상품을 시험 판매하기를 희망합니다. 귀사의 최신 상품 목록을 볼 수 있을까요? 견본에 관심이 있으면 저희들은 한 걸음 더 나아가 협의할 수 있습니다. 가격을 제시하시기 전에 저희들은 먼저 상품의 성능과 규격을 알고 싶습니다. 우리들의 원칙은 계약 중시, 신용 지키기입니다.

生词、生句

1. 业务代表 [yèwùdàibiǎo] 업무대표
2. 产品目录 [chǎnpǐnmùlù] 제품목록
3. 对~感兴趣 [duì~gǎnxìngqù] ~에 관심 있다
4. 安排 [ānpái] 안배하다, 처리하다, 준비하다
5. 性能 [xìngnéng] 성능
6. 规格 [guīgé] 표준, 규격

　　我接受你们的价格。很高兴这项交易能够圆满成功。因为我们彼此信任，因此洽谈得很顺利。只要坚持平等互利的原则，我们之间的贸易关系一定不断得到发展。

　　请在合同书上签字。为了庆贺合同的签字，我公司总经理今晚将北京烤鸭店宴请各位，请务必光临。我公司非常愿意与贵公司长期合作。

당신들의 가격을 받아들이겠습니다. 이 교역이 원만히 성사될 수 있어서 매우 기쁩니다. 우리들은 상호 신뢰하기 때문에 상담이 매우 순조롭게 진행되고 있습니다. 호혜평등의 원칙을 고수하기만 하면 우리들의 무역관계는 끊임없이 발전될 것이라고 생각합니다.

계약서에 서명해주세요. 계약 체결을 축하하기 위해서 우리 회사 사장님께서 오늘 밤 북경 오리구이집으로 여러분을 초대하니 꼭 참가해주시기를 바랍니다. 저희 회사는 귀사와 계속 협력하기를 원합니다.

 生词、生句

1. 交易 [jiāoyì] 교역, 장사, 거래
2. 圆满成功 [yuánmǎnchénggōng] 원만히 이루어지다
3. 顺利 [shùnlì] 순조롭다
4. 平等互利 [píngděnghùlì] 호혜평등
5. 不断 [búduàn] 끊임없이, 계속하여
6. 签字 [qiānzì] 서명하다
7. 为了~ [wèile] ~하기 위해, ~를 위해

金理事

　　首先祝贺您升职。

　　我是XX公司战略企划部次长李敏浩。

　　给您发送了这周的销售报告。因为新年有折扣活动，所以销售目标已顺利达到了。对具体的信息，请您参考附件文件。为了准备会长的会议，我们需要XX年商品企划部的目标进展情况。请麻烦您在下周二之前以附件格式整理好并发给我。非常感谢。

　　如其他问题，请随时联系。

谢谢！

김 이사님!

먼저 승진 축하드립니다.

XX회사 전력기획부 차장 이민호입니다.

이번 주 판매보고 보내드립니다. 새해 세일 이벤트 덕분에 판매 목표를 달성하였습니다. 첨부파일을 참고하세요. 회장님의 회의자료 준비를 위해서 XX년에 상품기획부의 목표 달성 상황을 필요로 합니다. 다음 주 화요일 전에 첨부파일 형식으로 준비되었으면 좋겠습니다. 대단히 감사드립니다.

문제가 있으면 연락해주십시오.

감사합니다.

生词、生句

1. 首先 [shǒuxiān] 먼저, 가장 먼저, 우선

2. 升职 [shēng zhí] 승진하다

3. 折扣 [zhékòu] 할인, 에누리

4. 达成 [dáchéng] 달성하다, 도달하다

5. 会议 [huìyì] 회의

6. 目标 [mùbiāo] 목표

7. 状况 [zhuàngkuàng] 상황, 형편

王先生

　　本公司有意大量购买各型号的钢螺钉, 不知每公斤运抵上海宝山港的运费价格。如提供与上一次价格一样, 不胜感激。如能同时寄样本和价格表, 亦必感激不尽。
　　本公司曾经从其他公司购买此类货物, 贵公司货物质优价廉, 希望与贵公司建立合作关系。
　　希望早日回复。

왕 선생님

폐사는 대량으로 각 모델별로 나사못을 구매할 의향이 있으며, 상하이 바오산까지 도착하는 kg당 운임을 알고 싶습니다. 만약 앞의 견적과 같이 주신다면 매우 감사하겠습니다. 또한 샘플과 가격표를 보내주신다면 더욱 감사하겠습니다.

폐사는 예전에는 다른 회사의 유사 제품을 구매해왔었는데, 귀사의 물건은 품질이 우수하고 가격이 저렴하여, 귀사와 합작관계를 맺고 싶습니다.

답장을 기다리겠습니다.

生词、生句

1. 有意 [yǒuyì] ~할 마음이 있다, 의향이 있다
2. 螺钉 [luódīng] 나사못
3. 感激不尽 [gǎnjībújìn] 감격스럽기 그지없다, 너무 감사하다
4. 曾经 [céngjīng] 예전에, 이미

가격 제시 2

王先生

　　2018年7月2日有关查询大米和大豆的电子邮件也收悉。

　　今日上午电子邮件报价: 精白米300公吨, 每公吨成本加运费中国到韩国为2400美元。于2018年8或9月装运。以上实价需由贵公司于2018年7月16日前回复确实。

　　该报价为最优惠价, 恕不能还价。

　　近来该类产品需求量大, 令价格上涨。请贵公司把握机会, 尽早落实订单为盼。

왕 선생님

　　2018년 7월 2일 문의 주신 쌀과 대두에 대한 메일은 잘 받아보았습니다.

　　오늘 오전 전자메일의 오퍼 가격: 백미 300톤, 1톤당 원가에 중국에서 한국 도착까지의 운임을 포함하여 2,400달러입니다. 2018년 8월 혹은 9월 선적합니다. 이상 매입가는 2018년 7월 16일 이전까지 확인하여 회신해주시기 바랍니다.

　　저희는 가장 유리한 가격을 제시했으며, 가격 인하는 불가합니다.

　　근래에 들어서 본 제품의 수요량이 많아, 가격이 올랐습니다. 귀사께서는 이번 기회를 놓치지 마시고 주문하시기 바랍니다.

 生词、生句

1. 大豆 [dàdòu] 대두, 콩
2. 收悉 [shōuxī] 잘 받아보다
3. 吨 [dūn] 톤(ton)
4. 确实 [quèshí] 확실히, 틀림없이
5. 需求量 [xūqiúliàng] 수요량
6. 尽早 [jǐnzǎo] 되도록 일찍, 가능한 한 빨리
7. 落实 [luòshí] 실현시키다, 구체화시키다

가격 인하 요구

黄总

　　你知道，我们对你的产品一致都很满意。但发现，在当地一家公司可以得到每一百个价格为4美元的这种产品，比你们每一百个的价格少50美分。如果你们能设法找出原因并使价格也达到这样的标准，我们就乐意向你们提出一项可以执行到本年底的订货。而且该项订货就可能是我们从来也没有向你们提出过的最大订货之一。

商祺

황 사장님

당신의 제품에 모두가 만족하고 있습니다. 그러나 저희는 현지의 한 회사에서 100개당 4달러의 가격을 얻을 수 있음을 발견하였습니다. 이는 귀사의 100개당 가격보다 50센트가 저렴합니다. 만약 당신이 원인을 찾아, 이러한 가격 기준에 맞춰주신다면, 귀하께서 주신 제의대로 연말에 오더를 집행하겠습니다. 게다가 연말의 오더는 우리가 그동안 제의한 주문량에서 가장 큰 오더 중 하나가 될 것입니다.

 生词、生句

1. 一致 〔yízhì〕 일치하다, 함께, 같이, 모두
2. 满意 〔mǎnyì〕 만족하다, 만족
3. 设法 〔shèfǎ〕 방법을 강구하다
4. 从来 〔cónglái〕 지금까지
5. 提出 〔tíchū〕 제출하다, 꺼내다

가격 인하 요청에 대한 회신

黄总

关于你8月1日的电子邮件所谈的价格, 我们认为不能再报更低的价格。处于当前情况下, 我们总经理就说明那是最慷慨的价格了。经查对我们的账目发现, 贵公司今年头3个月在我处所购的货物量为去年同期的两倍。这就说明, 你们零售我们货物方面是取得了成就。因此希望你们经过重新考虑, 能够接受我们的该项报价。我们已很乐意的将你们的名称留在我们的账目上了。

황 사장님

8월 1일 가격 이야기를 한 이메일에 대해서, 저희는 그보다 더 낮은 가격을 드릴 수가 없습니다. 현재 상황에서 저희 사장님은 자신이 가장 우대하여 제시한 가격이라고 말합니다. 우리의 장부를 살펴보면 귀하께서 금년 초 3개월 동안 작년 같은 기간과 비교하여 물건을 구매한 것이 두 배나 됩니다. 이것은 귀하께서 저희 물건 소매에 성공했음을 알려줍니다. 따라서 귀하께서 재고하신 후 우리의 가격을 받아들여주시기를 바랍니다. 우리는 귀하의 이름을 저희 장부에 남기게 되는 것을 아주 기쁘게 생각합니다.

 生词、生句

1. 关于 〔guānyú〕 ~에 관해서
2. 认为 〔rènwéi〕 여기다, 생각하다
3. 慷慨 〔kāngkǎi〕 후하게 대하다, 아끼지 않았다
4. 去年同期 〔qùniántóngqī〕 작년과 같은 시점
5. 乐意 〔lèyì〕 기꺼이 ~하다
6. 账目 〔zhàngmù〕 계정항목, 장부상 항목

2019年5月20日电子邮件报价深受欢迎。

我拟选各种颜色、式样、品种的衬衫如下:

大号 2000打

中号 4000打

小号 2000打

售季将至, 全部货物应于7月登轮。届时全额不可撤销信用证将予以开出。请确认订货, 用电子邮件告知装运时间表。

2019년 5월 20일 이메일로 제시한 가격이 받아들여졌습니다.

저가 선택한 색상과 모양, 품종의 와이셔츠는 아래와 같습니다.

라지사이즈 2000개

미들사이즈 4000개

스몰사이즈 2000개

성수기가 곧 도래하기에 전체 물품은 7월에 선적되어야 합니다. 전체 금액에 대해 취소불능 신용장을 열어드립니다. 이메일로 선적스케줄을 알려주시기 바랍니다.

 生词、生句

1. 深受欢迎 [shēnshòuhuānyíng] 인기 좋다, 반응이 좋다
2. 式样 [shìyàng] 모양
3. 如下 [rúxià] 다음과 같다, 아래와 같다
4. 届时 [jièshí] 그때가 되다
5. 时间表 [shíjiānbiǎo] 시간표

黄总

　　我们今早接到贵方222号订单, 对贵公司订购8000打棉质衬衫, 表示谢意。但可能要使贵方失望了, 十分抱歉。

　　目前我们没有贵方所需尺寸的衬衫存货, 而且至少在5周内亦不会有货。

　　在此期间贵公司可从别处购买衬衫, 如未能购到, 一旦新货运到, 我们肯定立即通知贵方。

황 사장님

오늘 아침 귀하의 222호 주문을 받았으며, 8000건의 면 와이셔츠 구매에 매우 감사드립니다. 그러나 귀사를 실망시켜 매우 유감입니다.

현재 우리에게 귀사가 요구하시는 사이즈의 와이셔츠 재고가 없습니다. 게다가 적어도 5주 내에도 물건이 없을 수 있습니다. 이 기간에 다른 곳에서 구입하셔도 됩니다. 만약 구매하지 못하신다면, 신상품이 나오는 대로 바로 귀사에 통지해드리겠습니다.

 生词、生句

1. 订单 [dìngdān] 주문서

2. 十分 [shífēn] 매우, 아주

3. 存货 [cúnhuò] 재고상품

4. 存货 [cúnhuò] 적어도, 최소한

5. 而且 [érqiě] 게다가

6. 在此期间 [zàicǐqījiān] 그 사이

陈先生

    11月1日就500吨小麦报盘的电子邮件收悉。贵公司所报价钱是成本加保险费和运费，但是，本公司希望贵公司能给予成本加运费的报价。本公司保险单一向由韩国出口保险公司办理，合作愉快，并定期收到保险返点。该保险单列明，装运时只需通知该协会有关的详细情况，故无需另买保险。

    然而，本公司亦希望了解和参考贵公司惯用的投保范围。

盼复

진 선생님

　11월 1일 500톤 밀의 가격 제시는 잘 받아보았습니다. 귀사가 제시한 가격은 원가에 보험료와 운임을 더한 가격입니다. 그러나 폐사는 원가에 운임을 더한 가격만 주시면 좋겠습니다. 폐사는 보험을 줄곧 한국수출보험에서 처리하고, 좋은 합작관계를 유지하고 있으며, 정기적으로 리베이트도 받고 있습니다. 보험명세서는 선적 시 협회 관련 명세 정황에만 필요한 것으로 다른 보험을 가입할 필요가 없습니다.

　그러나 저희도 귀사의 보험가입범위를 알고 싶습니다.

　회신 바랍니다.

生词、生句

1. 报盘 〔bàopán〕 가격을 제시하다

2. 给予 〔jǐyǔ〕 주다. 부여하다

3. 装运 〔zhuāngyùn〕 적재하여 운송하다

4. 无需 〔wúxū〕 ~할 필요가 없다

5. 然而 〔rán'ér〕 그러나

6. 范围 〔fànwéi〕 범위, 제한하다

7. 返点 〔fǎndiǎn〕 페이백

8. 盼复 〔pàn fù〕 답장을 기다립니다.

대리점 회의 참가 요청

　　自7月24日至27日在首尔举行[第7届亚洲销售代理会议] 。该会议为亚洲地区的销售代理商提供了交流的机会。

　　本次会议的目的如下:

1. 确定本公司在亚洲地区的营销方案及销售方针。

2. 通过[研究实例]的方法, 讨论实际性销售战略。

3. 以参观本公司的韩国工厂, 对产品的知识加深。

4. 促进友好关系, 作为一家集团的成员, 提高归属感。

　　本公司注重的是诸位亲临参加本次会议, 请在百忙之中抽出时间来参加。请在附件中填表并回复。

　　期盼能够在首尔的会场见面。

[제7회 아시아 판매 대리점 회의]가 7월 24일부터 27일까지 서울에서 개최됩니다. 이 회의는 아시아 지역의 판매 대리점 여러분께 있어서 절호의 의견 교환 기회가 되리라고 생각합니다.

이 회의의 목적은 다음과 같습니다.

1. 당사의 아시아 지역에 있어서의 마케팅 및 판매 방침을 분명히 하는 것
2. [사례 연구]식 방법에 의해서 실제적인 판매 전략을 토의하는 것
3. 한국의 당사 공장 견학을 통해서 제품 지식을 깊게 하는 것
4. 우호 친선을 도모하여 같은 그룹 소속원으로서의 일체감을 깊게 하는 것

저희는 여러분이 직접 오셔서 회의를 빛내주셨으면 좋겠습니다. 바쁘신 일정 중에도 시간을 내어 참석해주시기 바랍니다.

첨부한 파일을 기입하여 회신 주시면 감사하겠습니다.

서울의 회의장에서 만나 뵙기를 고대하겠습니다.

生词、生句

1. 亚洲 [Yàzhōu] 아시아
2. 销售 [xiāoshòu] 팔다, 판매
3. 方针 [fāngzhēn] 방침
4. 研究 [yánjiū] 연구하다, 연구
5. 参观 [cānguān] 참관하다, 참관
6. 工厂 [gōngchǎng] 공장
7. 友好关系 [yǒuhǎoguānxì] 친선관계
8. 归属感 [guī shǔ gǎn] 소속감
9. 百忙之中 [bǎimángzhīzhōng] 바쁘신 가운데
10. 填表 [tiánbiǎo] 표에 기입하다, 표에 써넣다

매출 목표 달성 축하 메일

(1)

　　祝贺您达到首年的目标"1万台"。我们非常满意并且对贵公司的业绩非常骄傲。该成果代表了贵公司在市场上的评价。
祝你们工作继续顺利。

(2)

　　我们在2016年下半年的销售额中获得排行第一，我们超过了ABC公司，在中国市场上成为一号公司，这是我们长久以来的梦想。我们用最热烈的掌声对贵公司的业绩表示祝贺。肯定是在熟练的技术、不断的努力下获得的。
　　希望今后继续保持第一的位置。

(1)

　　첫 매출 목표 1만 대 달성을 충심으로 축하합니다. 이 훌륭한 업적에 저희도 매우 만족하고 있으며 미래에 대해서 자신감이 넘칩니다. 이 결과는 무엇보다도 시장에서의 귀사의 평판을 나타낸다고 하겠습니다.

　　계속적인 건투를 빌어 마지 않습니다.

(2)

　　2016년도 하반기 매출에 있어서 1위 자리를 획득하셨다는 것을 알고 매우 기뻐하고 있습니다. ABC사를 따돌리고 중국 시장에서 1인자가 되는 것은 저희들의 오랜 꿈이었습니다. 귀사의 업적에 대해서 열렬한 박수를 보내는 바입니다. 이 성공은 분명히 귀하들의 능숙하고 끊임없는 노력의 성과입니다.

　　애써 획득하신 시장 1위의 위치를 금후도 유지하실 수 있기를 충심으로 바라 마지 않습니다.

生词、生句

1. 目标 [mùbiāo] 목표, 표적물
2. 业绩 [yèjì] 업적
3. 市场 [shìchǎng] 시장
4. 骄傲 [jiāo'ào] 자랑스럽다, 자부심을 느끼다
5. 评价 [píngjià] 평가, 평가하다
6. 工作 [gōngzuò] 일, 작업
7. 获得 [huòdé] 얻다, 획득하다
8. 掌声 [zhǎngshēng] 박수 소리
9. 排行 [páiháng] 순서
10. 梦想 [mèngxiǎng] 꿈, 이상, 이루어지길 바라는 일
11. 祝贺 [zhùhè] 축하하다
12. 肯定 [kěndìng] 확실히, 틀림없이
13. 熟练 [shúliàn] 능숙하다

물품대금 미지급 사과 메일

　贵公司咨询了有关2018年6月份的未支付6200美元的事宜，本公司立即对照了公司的记录。

　结果我们发现了由于本公司立即对照了公司的记录。未支付6200美元。今天我们会向贵公司的建设银行账户汇款。

　由于这次的失误导致贵公司的不便，表示道歉。

2018년 6월분의 물품대금 6,200달러 미지급에 관한 귀하의 문의에 즉시 당사의 기록과 대조하였습니다.

그 결과 당사의 실수로 인하여 6,200달러가 송금되지 않았음을 확인되었습니다. 금일 건설은행의 계좌에 전신환으로 불입했습니다.

이 건에 관해 불편을 끼쳐 드린 데 대하여 사과를 드립니다.

 生词、生句

1. 咨询 [zīxún] 문의하다, 의논하다
2. 事宜 [shìyí] 일, 사항, 업무
3. 对照 [duìzhào] 대조하다, 비교하다
4. 立即 [lìjí] 즉시
5. 记录 [jìlù] 기록하다, 기록

　　对于贵公司在2018年8月提交的仲裁申请书, 我们和贵公司之间在2018年10月5日进行的论坛内容按如下确认。

　　a) 设计人许可按11条 (6) 延迟的9周及按23条 (b) 延迟的1周时间。

　　b) 我们和贵公司确定了损失及支出额为人民币100,000元。此金额是根据上述的仲裁申请书上提到的因延迟造成的损失及支出额的总额。由于上述的确定, 撤销了申请书的第5页提及的备注事项ii)的b)项内容。

　　请查阅本邮件及回复是否认同上述内容。

귀사에서 제출한 2018년 8월의 중재 신청서에 관련하여 귀사와 저희들 사이에서 가졌던 2018년 10월 5일의 의논에 관련하여 다시 다음 사항을 확인합니다.

a) 설계자는 11조 (6)에 의거한 9주간의 연기 및 23조 (b)에 의거한 1주간의 연기를 승낙한다.

b) 손실 및 지출액은 귀사와 저희들 사이에서 인민폐 100,000원으로 합의되었다. 이 금액은 귀사의 상기 청구서에 기재된 지연에 의해서 생기는 손실 및 지출액의 총액으로 합의되었다. 따라서 청구서 5페이지 주(註)항, ii)의 b)항은 철회되었다.

본 이메일의 수령과 내용에 대한 동의에 확인을 부탁합니다.

 生词、生句

1. 对于 [duìyú] ~에 대해서
2. 仲裁 [zhòngcái] 중재하다
3. 内容 [nèiróng] 내용
4. 许可 [xǔkě] 허가하다
5. 延迟 [yánchí] 뒤로 미루다, 연기
6. 提及 [tíjí] 언급하다
7. 备注 [bèizhù] 주석, 비고란에 내용

판매대리점에 자료 요구

　我们几次收到贵公司要求延迟提交2018～2019年的损益表和2018～2019年的业绩计划书。

　请查阅销售代理的规定第3条（按该规定未正式更新代理合同，代理合同会在9月30日被自动撤销）。此条款中提及了贵公司应以每年年底提交具体的数值，向本公司汇报是义务。另外提及应与本公司充分协商后编制下一年的业务计划。

　贵公司应至8月31日止履行义务，这是更新销售代理合同的必要事宜。

2018~19년도의 손익계산서와 2018~19년도의 포괄적인 업무계획의 제출에 관해서 귀사의 기한 연장 요청을 오늘까지 수차에 걸쳐서 받아왔습니다.

그러나 판매대리점 규약(이 규약에 의하면 대리점 계약은 정식으로 갱신되지 않는 한 9월 30일에 자동적으로 소멸되게 되어 있습니다)의 제 3조를 상기하시기 바랍니다. 이 조항에 귀사는 각 연도 말에 구체적 수치를 제출함으로써 수지 상황을 당사에 보고할 의무가 있음이 명기되어 있습니다. 또 당사와 충분히 의논한 뒤 차기 년도의 업무 계획을 작성해야 한다고도 되어 있습니다.

8월 31일까지 귀사가 이들 의무를 이행하는 것은 판매대리점 계약 갱신에 필수적입니다.

 生词、生句

1. 几次 [jǐcì] 여러 번
2. 要求 [yāoqiú] 요구하다
3. 损益表 [sǔnyìbiǎo] 손익계산서
4. 自动 [zìdòng] 자동
5. 数值 [shùzhí] 수치
6. 义务 [yìwù] 의무
7. 编制 [biānzhì] 꾸미다, 편성하다
8. 更新 [gēngxīn] 갱신
9. 必要 [bìyào] 필수

일반 메일 2

(1)

　　附件有2份合同书。请在两份合同书上签字盖章之后回送1份。

　　另外附件有含应支付货款的订单。

(2)

　　附件有在8月6日发送给我们的合同书（已签字）。
　　为支付货款，我们将货款单提交给财务部门。
　　希望保持互利关系。

(1)

귀사와의 계약서 2통을 첨부합니다. 양쪽에 서명하시고 1통을 가급적 빨리 반송해주시기 바랍니다.

또 첫 번째 지불 청구서도 첨부했습니다.

(2)

8월 6일에 보내주신 계약서를 적절히 서명하여 첨부합니다.

보내주신 청구서는 지불하도록 경리부로 돌렸습니다.

이후 상호 유익한 관계를 누릴 수 있기를 바랍니다.

 生词、生句

1. 签字盖章 [qiānzìgàizhāng] 서명날인

2. 回送 [huísòng] 되돌려보내다

3. 附件 [fùjiàn] 첨부

4. 财务部门 [cáiwùbùmén] 재무부, 경리부

5. 将 [jiāng] ~ 할 것이다

6. 保持 [bǎochí] 유지하다, 지키다

7. 互利 [hùlì] 서로 이익을 주다

자료 요청 2

今天我们和研究所的所长洽谈过了。所长向我们推荐贵公司能作为本公司产品的杭州销售代理。因此给您发送邮件并希望收到贵公司的资料，另外我们也发送我们的资料。

附件有本公司的销售合同、宣传单及有关 'Thinking International' 薄膜系列的说明书。如贵公司有兴趣作为我们的销售代理，请告知我们贵公司在杭州市场的开发方案。附件有1件签定代理合同之前，标注有我们所需要的信息的"销售建议有关指南"副本。

请尽早回复。

오늘 연구소의 소장님과 이야기를 나누었습니다. 소장님으로부터 항주에서의 당사 제품 판매 대리점으로 귀사를 추천받았습니다. 해서 메일을 드리며, 귀사로부터 자료를 좀 받았으면 합니다. 그리고 저희 자료도 드리겠습니다.

첨부한 것은 당사의 판매계약서, 팸플릿 그리고 기타 'Thinking International' 필름 시리즈의 설명자료입니다. 귀사가 당사의 대리점이 되는 것에 흥미가 있으시면 항주에서 귀사가 개척할 수 있는 방안을 우리한테 말씀해주시기 바랍니다. 저도 대리점 계약에 들어가기 전에 당사가 필요로 하는 정보를 표시한 '판매 제안서에 관한 지침' 사본을 첨부합니다.

빠른 시간 내 답장을 주시기 바랍니다.

生词、生句

1. 推荐 [tuījiàn] 추천하다
2. 因此 [yīncǐ] 이로 인해서, 그래서
3. 宣传 [xuānchuán] 선전하다, 홍보하다
4. 薄膜 [bómó] 필름
5. 指南 [zhǐnán] 지침
6. 副本 [fùběn] 부본
7. 尽早 [jǐnzǎo] 되도록 일찍
8. 回复 [huífù] 회신하다, 답장하다

回复：

　　我们供应的开关A1-B1 (加A2/B2)，因客户的产品额定电流需求不同所以做了几款配置。

　　(额定3A 250V / 额定6A 250V / 额定10A 250V/ 额定15A250V)

　　以前也有向贵公司说明过应注意此点，并且不同时期对于这款的不同电流报出过不同的价格。

　　图片上所反应的现象，我们初步认为，贵公司的客户的产品给开关输入的电流至少有6～10A，且贵公司的客户的产品瞬间通电时突入电流更大。我们现供应的开关只能承受3A250V的额定电流电压，所以二者不匹配，导致通电瞬间烧坏开关。

　　下图是否是ABC品牌的开关，我们不太明白。

　　综上所述，我们认为要给该客户配送更大电流的产品，对应我们的型号是M1-G1A或M10-G2B，请确认。

회신

우리가 공급하는 스위치 A1-B1(A2/B2 추가)는 고객 제품의 규정전류에 대한 요구가 달라 몇 가지 사항을 추가함

(정격3A250V / 정격6A250A / 정격10A250V / 정격15A250V)

예전에도 귀사에게 설명했듯이 여기에 주의하셔야 합니다. 또한 다른 시기에 이 모델의 다른 전류에 대해 다른 가격을 드렸습니다.

그림에서 반응되는 현상에 대해, 우리는 우선적으로 귀사의 고객제품에 스위치에 투입된 전류는 최소 6~10A 정도이며, 귀사의 고객의 제품이 순간 통전 시 돌입된 전류가 더 큽니다. 우리가 현재 공급하는 스위치는 3A250V의 정격전류 전압을 수용할 수 있습니다. 따라서 두 개는 서로 맞지 않으며, 통전 순간에 스위치를 태워버립니다.

아래의 그림은 ABC브랜드의 스위치가 맞는지 모르겠습니다.

위에 언급한 대로 우리는 고객에게 더 큰 전류의 제품을 배송할 경우, 대응되는 모델은 M1-G1A 혹은 M10-G2B이니 확인 바랍니다.

 生词、生句

1. 开关 [kāiguān] 스위치

2. 额定 [édìng] 정액, 정격

3. 配置 [pèizhì] 배치하다, 옵션

4. 此点 [cǐdiǎn] 이 점

5. 反应 [fǎnyìng] 반응하다

6. 初步认为 초보적 견해

7. 输入 [shūrù] 투입하다(input)

8. 瞬间 [shùnjiān] 순간

9. 突入 [tūrù] 돌입하다, 갑자기 집어 넣다

10. 承受 [chéngshòu] 감당하다, 견뎌내다

11. 不匹配 [bù pǐ pèi] 맞지 않는다

12. 导致 [dǎozhì] 야기하다

13. 烧坏 [shāo huài] 타버리다

14. 配送 [pèisòng] 배송하다

15. 对应 [duìyìng] 대응하다

샘플 요청 및 입찰 절차

(1)

您好, 谢谢您的回复。

不知您是否能够提供样品?

因为本公司的顾客要在电视购物节目上销售此产品。

但, 目前还没看到实体, 只看过书面介绍。

所以希望贵公司提供两组样品 (一组含染发剂, 一组只有染色器及容器瓶)。

这样客户更能评估此产品的可行性。

以上麻烦您了。

等您的回复。

谢谢

(2)

您好:

我是项目负责人赵云, 请按下列要求完成您的投标的流程:

1. 您要在中国国际招标网完成注册, 这是很重要的一步, 如果有不明白的, 请登录《中国国际招标网》与他们联系, 联系电话: 000-0808-8888。请在开标前完成注册。

2. 请登录《辽宁省采购招标中心》网址, 找到供应商注册, 按要求到我中心完成注册。

3. 完成两项注册后购买招标文件, 然后根据招标文件要求编制投标文件。按招标文件要求的时间递交你编制好的投标文件, 请评标委员会评审。

如果还有什么疑问, 可以发邮件给我。

(1) 안녕하세요. 답변 감사합니다.

혹시 샘플을 제공해주실 수 있으신지요?

고객이 TV홈쇼핑에 판매하고자 합니다.

그런데 현재 실제 물건을 보지 못하고 자료만 봤습니다.

샘플 2세트만 보내주시면 감사하겠습니다(1세트는 염색제 포함, 1세트는 염색기 및 용기병).

이래야 고객이 제품에 대한 진행 가부를 판단할 수 있을 것 같습니다.

불편을 드려 죄송합니다.

답변 기다리겠습니다.

감사합니다.

(2) 안녕하세요.

저는 프로젝트 담당자 Zhao Yun입니다. 아래의 요구대로 당신의 입찰 플로를 완성하시기 바랍니다:

1. 중국국제입찰사이트에 등록하시기 바랍니다. 이는 가장 중요한 첫걸음이며, 만약 잘 모르는 부분이 있으면, 〈중국국제입찰사이트〉에 로그인 후 그 사이트에 물어보시면 됩니다. 연락처: 000-0808-8888. 개찰 전에 등록을 완료하시기 바랍니다.

2. 〈료녕성 구매 입찰 센터〉 사이트에 등록하시고, 공급자를 찾아 등록하고, 요구대로 우리 센터에 등록합니다.

3. 2개 프로젝트를 등록한 후 입찰 문서를 구매합니다. 그 후 입찰문서의 요구에 따라 입찰문서를 작성합니다. 제출시간에 맞춰 작성한 입찰문서를 제출하여 입찰위원회의 심의를 거칩니다.

모르는 부분은 이메일 주시기 바랍니다.

 ## 生词、生句

1. 电视购物 [diànshìgòuwù] TV홈쇼핑
2. 评估 [pínggū] 평가하다
3. 可行性 [kěxíngxìng] 실행 가능성
4. 投标 [tóubiāo] 입찰하다
5. 招标 [zhāobiāo] 입찰자를 모집하다
6. 采购 [cǎigòu] 구매하다
7. 开标 [kāibiāo] 개찰하다
8. 评标 [píngbiāo] 입찰자의 신용과 입찰 문서를 심사하다
9. 评审 [píngshěn] 평가하다, 심사하다

가격 문제에 대한 건의

您好

　　一直在等您的回信, 我们再继续进行下面的工作。

　　您给的价格和优惠在专卖店销售起来确实比较困难, 我再与网络合作伙伴好好沟通一下。

　　您最好能够根据中国的实际情况再次考虑一下, 或者能够给出几个订货标准的优惠。

　　比如说一次性订货1万美金优惠10%, 2万美金优惠15%, 3万美金优惠20%(只是打比喻的说法, 供您参考)。

　　这样既能加大订货量保证你们的利益, 也能增大我的利润点。

　　对于现在好像没有更好及更保险的运输方法, 我的客户给了我订单, 您看一下。

　　量不大, 能不能走空运呢? 对于现阶段运输是最大的问题, 以后卫生许可下来了自然就可以大量销售了。

　　我希望您能够长期给我供货。

　　现在订单的公司我给的折扣很低, 如果以后给我的价格太高的话, 我就不能给他供货了, 他也不可能再销售贵公司的产品了。

　　毕竟我也经营了一段贵公司的产品, 希望能以朋友的角度想想, 满足更多的客户吧。

　　但这个问题不强求, 毕竟您有您的规矩, 如果到那个时候这个客户不再进该产品了, 或是直接去找其他代理公司进产品, 我也表示理解和支持。

안녕하세요.

계속 답변 기다렸습니다. 아래 업무를 다시 시작합니다.

당신께서 주신 가격과 우대는 매장에서 판매하기 실제로 어렵습니다. 제가 다시 인터넷 판매 파트너와 상담해보겠습니다.

중국의 실제 현황을 보시고 다시 한번 생각해주시기 바랍니다. 아니면 몇 개의 구매에 대한 우대 기준을 주셨으면 합니다.

예를 들어 한번에 1만 달러를 구매할 경우 10% DC, 2만달러일 때는 15%, 3만달러일 경우 20%(단지 예를 든 것이므로 고려해주십시오) 같이요.

이렇게 해야 대량 구매로 당신도 이익이 있고 우리도 이익이 날 것 같습니다.

현재 아마 더 좋고 더 안전한 운송방법이 없는 것 같습니다. 고객이 저에게 준 오더를 한번 보시기 바랍니다.

수량은 크지 않습니다. 항공운송도 되는지요? 현재 단계에서는 운송이 가장 큰 문제입니다. 이후에 위생 허가가 나오면 자연히 대량 구매할 것입니다.

저희는 당신에게 오랫동안 공급을 받고 싶습니다.

제가 벤더에게 주는 가격적 범위가 적은 편입니다. 향후 저희에게 공급해주는 가격이 너무 높으면 벤더들이 귀사의 제품을 다시는 팔 수 없을 것 같습니다.

저도 귀사의 제품을 취급해봤습니다, 하여 오래된 친구의 관점으로 봤을 때, 더 많은 고객을 만족시키는 게 더 낫지 않나 합니다.

단 이 점은 강요하는 것이 아닙니다. 귀사에도 귀사의 정책이 있으니까요. 이후 밴더들이 제품을 다시는 취급하지 않거나 다른 대리점에서 물품을 구매하더라도 저는 이해할 수 있습니다.

生词、生句

1. 确实 [quèshí] 확실하다, 확실히
2. 沟通 [gōutōng] 소통하다
3. 根据~实际情况 실제현황에 따라
4. 订货标准 [dìnghuò biāozhǔn] 구매 기준
5. 供您参考 당신께 참고로 드리다
6. 既~, 也~ ~하고, ~하다
7. 卫生许可 [wèishēng xǔkě] 위생허가

洪吉东总经理收

您好！

在新的一年里，希望贵公司有更好的发展，以及家人都更健康幸福。

我们能够和贵公司合作感到非常地高兴。本公司认为"与贵公司合作是两家公司占据中国市场及全球市场的必要条件"。

因此，本公司认为"今年通过两家公司的合作，希望贵公司和本公司都能够发展成为中国的龙头公司和全球一类公司"。为了实现这点，希望尽早与贵公司达成协议。

本公司以<业务协助协议草稿>告知贵司，请于2018年10月31日前回复有关贵司的计划。

另外，为了达成友好协商及签定合同，请告知我们贵公司的计划、日程安排。

谢谢

附件: 业务合作协议草稿 1份

홍길동 사장님:

안녕하십니까?

새해를 맞아 귀사의 발전과 귀하의 가정에 행운과 행복이 충만하기를 기원합니다.

당사는 귀사와의 협력을 매우 기쁘게 생각합니다. 당사는 "귀사와의 협력은 양사의 중국과 세계 시장 선점 및 장악을 위한 필요 조건"이라 생각하고 있습니다.

그러므로, "올해는 양사 간의 협력을 통하여 귀사와 당사가 중국 시장 석권과 세계 일류기업으로 도약하는 뜻 깊은 해"라고 당사는 생각합니다. 이를 실현하기 위하여 귀사와의 계약에 대한 협의가 조속히 진행되기를 바랍니다.

당사는 이에 관한 입장을 〈사업협력계약서 초안〉 형식으로 알려드리니, 이에 관한 귀사의 입장을 2018년 10월 31일까지 회신하여주시기 바랍니다.

또한, 귀사에서 우호적 합의(계약) 달성을 위한 협의 및 계약 체결에 관한 일정을 정하여 통보하여주시면 감사하겠습니다.

감사합니다.

붙임: 사업협력계약서 초안 1부

 生词、生句

1. 家人都更健康幸福 온 가족이 더욱 건강하고 행복하기를
2. 占据 [zhànjù] 차지하다. 점유하다.
3. 必要 [bìyào] 반드시 필요한
4. 龙头 [lóngtóu] 선두
5. 尽早 [jìn zǎo] 최대한 빨리
6. 草稿 [cǎogǎo] 초고
7. 日程安排 [rìchéng'ānpái] 스케줄

품질 불량에 대한 개선 요구

收: OOO先生

你好！相信您的事业一定发展得很好。

不知您是否还记得，这附件是您给我发送过的信的副本。

该信中有您对事业的坚定。

我们真希望和贵公司交易。所以这几年几次发送订单。

因为是第一次的交易，所以希望了解贵公司的生产能力和生产方法。

我们希望能与贵公司有大量交易。

但，实际无法做成。

因为贵公司发送的产品是：1、与平面图不同；2、外观不良；3、材料不良。

我们无法找到您发送过的信内容中的坚定。

所有生产的产品须要求准确。

其中向国外出口的产品更是如此，不然会发生大损失。

须根据他们要求生产产品。

我们希望与贵公司交易更多的货物。

如贵公司停止生产上述的不良品，以及确认及改善到目前为止出现的问题点，我们会作为很好的合作伙伴。

能够生产准确的产品，最重要的是，生产负责人和员工的坚定。

刚过完春节，新的一年已开始了。

您是否愿意和我们一起改写历史、创造新的未来？

请保持健康，事业繁荣。

谢谢

OOO 귀하

안녕하세요! 하시는 사업 잘되시리라 믿습니다.

기억하실지 모르겠으나, 여기 귀하가 본인에게 보내온 편지 사본을 동봉합니다.

귀하의 의지가 담긴 중요한 내용입니다.

진실로 저희는 귀사와 거래를 희망했습니다. 그래서 지난 몇 년간 여러 차례 주문을 해봤습니다.

첫 거래였기 때문에 귀사의 생산 능력과 생산방법을 알아보기 위함이었습니다.

우리는 귀사와 많은 양을 거래하고 싶었습니다.

그러나 그렇게 할 수 없었습니다.

왜냐하면 귀사와 거래할 때 대부분의 제품이 1. 도면과 불일치하고 2. 외관이 불량하며, 3. 소재의 불량도 있었기 때문입니다.

귀하의 편지에 있는 그런 믿음이 이루어지지 않았습니다.

모든 생산품은 정확해야 되는 것이 원칙입니다.

그중에도 외국으로 수출하는 것은 정확하지 않으면 큰 문제를 불러옵니다.

수출품은 그들의 요구에 꼭 맞게 해야 됩니다.

우리는 귀사와 새로이 좀 더 많은 거래를 하고 싶습니다.

귀사가 만드는 제품에 위에서 말한 그런 불량이 없다면, 지금까지의 문제점을 확인하고 개선한다면 우리는 귀사와 새로운 멋진 파트너십을 만들어나갈 수 있겠습니다.

정확한 제품을 생산하려면 무엇보다도 생산에 참여하는 책임자와 종업원의 의식이 중요합니다.

춘절이 지난 지 얼마 되지 않았습니다. 지금은 새해입니다.

새해에 귀사와 우리가 새로운 역사를 만들어 나갈 생각이 없으신지요?

항상 건강하시고, 사업 번창하시길 빌겠습니다.

감사합니다.

 生词、生句

1. 坚定 [jiāndìng] 확고하다
2. 生产能力 [shēngchǎnnénglì] 생산능력(capacity)
3. 平面图 [píngmiàntú] 평면도, 도면
4. 事业繁荣 [shìyè fánróng] 사업이 번창하다

제품 및 회사 소개

尊敬的 Mr. 000.

我们通过KOTRA了解到您需要进口取暖电器中的地热板。我们ABC公司是专业生产及销售取暖电器的公司, 目前向俄罗斯、中国、中亚国家等出口地热板。因为最近中国普遍采用地热系统, 所以借此信向您介绍目前受广泛认可的本公司的地热产品。

"Heat Floor"是在韩国开发、生产的产品, 完善了现有地热板的缺点, 是新概念的电子取暖产品。与消耗电量相比, 有显著的热效率, 另外因施工方便等好处, 所以在中国、俄罗斯及中亚各国有了极好的销售业绩。目前本公司与中国吉林省、四川省、江苏省的顾客交易。我们正在寻找贵公司所在地区的"Heat Floor"销售商, 所以非常高兴地能够结识贵公司。

"Heat Floor"的特点及交易条件如下:

1. 由功能性碳素发热体 (高强度的特殊纤维 + 纳米碳素纤维) 组成。因在发热体中不存在电源线, 因此不会发生触电、漏电等安全事故。

2. 发热体 + 聚氨酯一体型构造。因此具有极好的防水、防湿功能。其使用寿命为半永久性。

3. 可安装在墙面。安装墙面时无需补强支架。任何人都可简单施工、简单使用。

如有其它资讯或要求事项, 请随时联系我们。希望与贵公司合作及发展。

谢谢

존경하는 ㅇㅇㅇ 씨에게

우리는 KOTRA를 통해 귀사에서 난방기기 중 난방바닥재를 원하신다는 것을 알게 되었습니다. 저희는 ABC라는 회사로, 전문적으로 난방기기를 생산, 판매합니다. 현재는 러시아, 중국, 중앙아시아 등지에 난방바닥재를 수출하고 있습니다. 중국은 최근 보편적으로 바닥 난방을 채택하기에 이 메일을 빌려 현재 널리 인정받고 있는 저희 회사의 바닥난방 제품을 소개하려 합니다.

Heat Floor는 한국에서 개발, 생산한 제품으로, 현재 유통되는 바닥난방의 단점을 개선한 새로운 개념의 난방제품입니다. 전력소모량에 비해 열효율이 매우 높습니다. 또한 시공이 간편해 현재 중국, 러시아 및 중앙아시아 각국에 매우 좋은 판매실적을 갖고 있습니다.

현재는 중국 길림성, 사천성, 강소성의 고객과 거래하였습니다. 귀사의 지역에 Heat Floor를 판매할 업체를 찾던 차에 귀사를 알게 되어 매우 기쁩니다.

Heat Floor의 특징 및 거래조건은 아래와 같습니다:

1. 기능성 탄소발열체(고강도 특수섬유 + 나노미터 탄소섬유)로 구성되어 있습니다. 발열체 안에 전원선이 없어 감전, 누전 등 안전사고가 일어나지 않습니다.

2. 발열체 + 폴리우레탄 일체형 구조여서 방수, 방습기능이 뛰어납니다. 반영구적으로 사용 가능합니다.

3. 벽면에 설치 가능합니다. 벽면 설치 시 지지프레임이 필요하지 않습니다. 누구나 손쉽게 시공, 사용할 수 있습니다.

그 외 궁금하거나 요구하실 점이 있으면 연락 주세요. 귀사와 합작을 바랍니다.

감사합니다.

 生词、生句

1. 取暖 [qǔnuǎn] 난방　　　2. 普遍 [pǔbiàn] 보편적으로

3. 受~认可 인정을 받다　　　4. 显著 [xiǎnzhù] 현저하다, 뚜렷하다

5. 结识 [jiéshí] 사귀다, 친분을 맺다

6. 碳素发热体 [tànsù fārè tǐ] 탄소발열체

7. 触电 [chùdiàn] 감전되다　　8. 漏电 [lòudiàn] 누전

9. 聚氨酯 [jù'ānzhǐ] 폴리우레탄

10. 使用寿命 [shǐyòngshòumìng] 사용 수명

MJ production希望在韩国之外的地方销售'Thinking International'。

如希望在国内销售本产品，请准备含如下信息的建议书。

1) 公司的业绩，尤其是培训用薄膜的销售业绩（如没有业绩，请描述开拓市场的计划。）

2) 有关'ThinkingInternational'的市场（区分、规模、增长率等）。顾客怎么使用'Thinking International'的说明。

3) Thinking International的预测销售额、零售价。

4) Thinking International 的营销策划。

5) 用于类似产品推广的宣传册样品。

6) 贵公司正在销售的其它公司的培训用薄膜的信息。

MJ 프로덕션은 한국 외에서의 Thinking International의 판매를 원하고 있습니다. 자국에서 판매권에 흥미가 있는 회사는 다음 정보를 포함한 제안서를 준비하시기 바랍니다.

　1) 회사의 실적, 특히 기업 내 교육용 필름관계의 배급 실적(이 유형의 배급 실적이 없으면 이 시장에 진출하기 위한 계획을 설명한다.)

　2) Thinking International에 대한 시장 설명(구분, 규모, 신장 등): Thinking International이 고객에게 어떻게 이용될 것인가에 관한 가정을 포함시킨다.

　3) Thinking International의 매상 및 판가

　4) Thinking International의 회사 판매팀과 마케팅 계획의 설명

　5) 유사 제품에 사용된 귀사의 판매 촉진용 인쇄물 샘플

　6) 귀사가 판매하고 있는 다른 기업 교육용 필름의 설명

 生词、生句

1. 之外 [zhīwài] ~ 외에
2. 建议书 [jiànyìshū] 건의서
3. 尤其 [yóuqíshì] 더욱이, 특히
4. 培训 [péixùn] 양성하다, 키우다
5. 描述 [miáoshù] 묘사하다, 설명하다
6. 预测 [yùcè] 예측하다
7. 销售额 [xiāoshòu'é] 매출액
8. 零售价 [língshòujià] 소매가격
9. 推广 [tuīguǎng] 판매 촉진, 널리 보급하다

我们从北京Hills Production公司获得有关贵公司的信息。

本公司在韩国生产及销售旅游用、培训用DVD。附件提供了有关庆州和扶余地区的播放时间为30分钟的DVD两张, 有关香港的播放时间为50分钟的DVD1张。我们为向海外销售以英文制作DVD, 另外也使用中文包装。

直到目前, 向韩国和香港的游客销售量较好。本公司希望在北京直销。我们认为可以在旅行社、书店、学校及图书馆销售。

请告知我们贵公司是否有意向作为销售代理, 另外如有愿意作为销售代理商的, 也请给我们推荐。

附件有有关庆州和扶余地区的中文版DVD文件。请回复。

북경의 힐스 프로덕션으로부터 귀사에 대해서 들었습니다.

당사는 한국에서 다수의 여행용, 교육용 DVD를 제작, 판매하고 있습니다. 여기에는 경주와 부여에 관한 30분짜리 DVD 2개와 홍콩에 관한 50분짜리 DVD가 포함되어 있습니다. 해외 시장을 염두에 두고 해설과 포장을 완전히 중문으로 한 DVD도 생산되었습니다.

지금까지는 한국과 홍콩의 관광객들에게 많이 팔렸습니다. 당사는 이제 북경에서 직접 이들을 판매하고자 합니다. 이 DVD의 판매가 가능한 시장으로 생각하는 곳은 여행사, 서점, 학교 및 도서관 등입니다.

귀사가 중국에서 판매대리점이 되는데 관심이 있는지 알려주시고, 또 귀사 외에 흥미를 갖고 있는 추천할 만한 중국 회사가 있으면 소개해주십시오.

귀사의 검토를 위해서 경주와 부여에 관한 DVD의 중문판을 첨부합니다. 답장을 기다리겠습니다.

 生词、生句

1. 有关 [yǒuguān] 관계가 있는
2. 旅游 [lǚyóu] 여행하다, 관광하다
3. 播放 [bōfàng] 방송하다
4. 直到 [zhídào] 줄곧 ~까지
5. 直销 [zhíxiāo] 직접 판매하다
6. 代理商 [dàilǐshāng] 대리상
7. 推荐 [tuījiàn] 추천하다, 소개하다

구매 감사 메일

　非常感谢10月14日以E-mail购买No.PB0211产品。附件有100万韩元的发票（F91-131）。用银行汇票支付，能尽快收到产品。

　在贵公司支付货款的同时，我们会发送软件。33X型和338XC型的软件还无法使用，1月份会以EMS发送，请多谅解。

　再次感谢购买本公司产品。

10월 14일의 이메일로 하신 주문 No. PB0211에 감사드립니다. 첨부한 것은 100만원짜리 견적 송장 F91-131입니다. 은행 어음으로 지불하시면 조속히 인도될 것입니다.

소프트웨어는 귀하의 송금을 받는 대로 발송될 것입니다. 그러나 33X 형과 338XC형의 소프트웨어는 아직 이용할 수가 없으며, 1월에 EMS으로 발송하게 될 것임을 양해하시기 바랍니다.

구매에 다시 한번 감사드립니다.

 生词、生句

1. 购买 [gòumǎi] 사다, 구매하다
2. 韩元 [hányuán] 원화(WON)
3. 银行 [yínháng] 은행
4. 同时 [tóngshí] 동시에
5. 软件 [ruǎnjiàn] 소프트웨어
6. 谅解 [liàngjiě] 양해하다, 이해해주다

물품 부족에 관한 메일

我们在11月7日收到 NR-3790 产品。

我们对照了附件的发货单和包装中的内容物，产品有缺少。我们为方便贵公司检查，向贵公司回送发货单，请查看。

因本公司收到的产品数量与发货单不同，所以我们无法支付剩余款。

请查看之后告知我们贵公司的处理方案。

당사 주문품 NR-3790을 11월 7일에 받았습니다.

첨부되어 있는 송장과 내용을 대조한 바 몇 가지 품목이 부족한 것이 판명되었습니다. 실제로 도착된 물품을 알 수 있도록 수정된 송장을 첨부하니 보시기 바랍니다.

당사의 규정은 수령품과 일치하지 않는 청구서에 대한 지불은 허용하지 않습니다.

이와 같은 사태에 대해서 어떻게 대처할 것인지 귀하의 지시를 기다립니다.

 生词、生句

1. 包装 [bāozhuāng] 포장
2. 内容 [nèiróng] 내용
3. 检查 [jiǎnchá] 검사하다, 점검하다
4. 查看 [chákàn] 살펴보다
5. 不同 [bùtóng] 같지 않다
6. 处理方案 [chǔlǐfāngàn] 처리방안

11月3日~4日, A山东大区负责人来我司就进口食品领域合作展开会谈, 并先后约济南B等C、D发供货商来我司共同探讨进口食品领域合作。

经过与A山东区域负责人、婴贝儿食品采购总监的初步洽谈, 我们在山东母婴领域已经达成共同打造母婴进口食品的框架合作协议。

经过第一轮调研, 从A直供的各系统看到样品反馈来看, 有以下几点需与F进一步沟通, 共同解决:

1、F海苔口感极佳, 包装设计独特, 但陈列上与国内商超货架陈列不太吻合, 高度上放不开, 无法摆置最佳陈列位置, 大多需摆在最下一层, 无法展现产品卖点。因此, 河北B、C等系统倾向于小包装。

2、价格的初步恰谈。目前, 国内在售海苔产品给A直营的战略供货或报品价格20g,在6.8-7.2之间。因此, 9联包海苔对方提出的供货价在15.7-15.9之间 (我司需承担运费, 现在咱们的清关到国内仓成本价在15.7左右) , 我司首次报价为1.6美元无法成交。

11월 3일~4일 A산동구역 담당자가 폐사에 방문하여 식품 수입에 대한 회의를 가졌습니다. 동시에 제남 B, C, D 등의 공급상이 폐사에 와서 식품 수입 합작에 관해 미팅을 가졌습니다.

A산동구역 담당자, 유아용품 구매부장과 미팅 결과, 산동의 유아시장에서 유아 수입식품에 대한 프레임계약 작성에 합의하였습니다.

첫 번째 미팅 결과, A사가 제공하는 각 시스템에서 본 샘플의 피드백으로 볼 때 아래 몇 가지 포인트는 F와 소통을 통해 같이 해결해야 합니다.

1. F김의 맛이 맛있고, 포장 디자인도 독특하나, 진열에 있어, 국내 슈퍼의 진열대에 잘 맞지 않습니다. 높이가 높아 제일 좋은 진열대에 놓지 못해, 대부분 가장 하층에 진열해야 하여 제품의 매력을 드러낼 수가 없습니다. 따라서 하북의 B, C 등 시스템은 소포장을 선호합니다.

2. 가격적인 부분을 보면, 현재 국내 A에서 직영 판매되는 가격은 20g에 6.8~7.2위안입니다. 따라서 9개들이 포장김에 대해 상대방이 제기한 공급가는 15.7~15.9로(우리 회사가 운송비를 부담, 현재 통관에서 창고 도착에 운송비 원가가 15.7위안 정도), 우리 회사의 1차 오퍼가격은 1.6달러라서 진행 불가합니다.

 生词、生句

1. 展开 [zhǎnkāi] 펴다, 전개하다

2. 供货商 [gōnghuòshāng] 공급업체

3. 合作 [hézuò] 합작하다

4. 区域 [qūyù] 구역, 지역

5. 京津冀 [Jīngjīnjì] 베이징(北京), 텐진(天津), 허베이(河北) 3개 지역을 뜻함

6. 海苔 [hǎi tái] 조미김 / 紫菜 [zǐ cài] 원료 김

7. 信誉 [xìnyù] 신용, 명성

8. 连锁门店 [liánsuǒméndiàn] 체인점

9. 成交 [chéngjiāo] 거래가 성립되다

Part 04

일반서신

261

초대 참석 불가 메일

　　对于邀请我参加第十万辆庆典活动深表感谢, 由衷的祝贺您取得惊人的成功。在如此短时间内能够完成十万辆的业绩, 我们也非常高兴。

　　但非常不巧的是因为12月份的日程安排上不能参加这一盛事。因为日程安排上预约有不可变更的事件, 当时不能离开首尔。万望见谅。

　　再次感谢邀请, 祝愿贵司今后有更多的发展, 贵我两公司保持密切的合作关系。

10만 대 달성 기념 축하파티에 초대해주신 데 대해서 심심한 사의를 표합니다. 이 놀랄 만한 성공에 충심으로 축하를 드립니다. 이와 같이 단기간에 10만 대를 달성한 것은 참으로 훌륭한 업적으로, 저희들도 매우 기쁩니다.

공교롭게도 12월은 스케줄 때문에 이 기쁜 자리에 참석할 수가 없습니다. 예정을 변경할 수 없는 긴급한 용건이 있어 그 무렵에 서울을 떠날 수가 없습니다. 부디 참석을 못하는 사정을 양해해주시기 바랍니다.

초대해주신 데 대해서 재차 감사를 드립니다. 이후 더 많은 발전을 기원하며 아울러 양사의 긴밀한 관계가 계속되길 바라 마지 않습니다.

 生词、生句

1. 参加 [cānjiā] 참가하다
2. 如许 [rúxǔ] 이와 같이
3. 翘盼 [qiáopàn] 간절히 바라다, 고대하다
4. 日程安排 [rìchéng'ānpái] 일정 안배, 일정 조정
5. 邀请 [yāoqǐng] 초청하다
6. 万望见谅 [wànwàngjiànliàng] 부디 양해 바랍니다.

　　再次感谢您能参加我司成立15周年纪念仪式。在这喜庆的日子里与向您这样的朋友们一起祝贺，这仪式的含义就更具意义了。

　　如果有机会给我司提供能够答谢的机会将不胜感激。

　　预祝您事业成功与幸福安康。

당사의 창립 15주년 기념식에 시간을 내서 참석해주신 데 대해서 재차 감사를
드립니다. 이 경사스러운 날을 귀하와 같은 친구들과 함께 축하할 수 있어서 식이
한층 뜻 깊은 것이 되었습니다.

　　언젠가 적절한 시기에 이번 호의에 답례할 기회가 있었으면 고맙겠습니다.

　　귀하의 성공과 행복을 빕니다.

 **生词、生句**

1. 抽 [chōu] (일부를) 빼내다, 뽑아 내다, 추출하다
2. 喜庆的日子 [xǐqìngderìzi] 경사스러운 날
3. 有朝一日 [yǒuzhāoyírì] 언젠가는
4. 祝愿 [zhùyuàn] 축원하다, 기원하다

周经理，您好！

我是H公司的商业分析员，十分高兴与您联系。

感谢您配合我们的工作。此次受Small & Medium Business Corporation委托，欲对贵公司做一份商业评估报告以期与贵公司更好的进行合作，故以致电。烦请贵公司按Small&Medium Business Corporation要求核实并提供以下信息：

1. 2013年财务报表（资产负债表以及利润表）

2. 附件中的调查问卷，填好后以附件形式一起发送

此次提供附件大小请勿超出10MB，超出大小请分批发送，若多次发送附件无效请致电我们索取其他发送途径。

주 경리님, 안녕하세요.

저는 H회사의 상업분석원입니다. 연락 주셔서 매우 기쁩니다.

당신의 협조에 감사드립니다. 이번에 Small & Medium Business Corporation에게 위탁을 받았으며, 귀사와 더욱 좋은 합작이 되기 위해 상업평가보고를 위탁받아 알려드립니다. 귀사에게 Small & Medium Business Corporation는 아래의 정보를 요구합니다.

1. 2013년 재무제표(대차대조표 및 손익계산서)

2. 첨부한 설문조사표, 입력한 후 첨부형식으로 함께 보내주세요.

이번에 첨부한 파일용량은 10MB를 초과하지 마시고, 용량 초과 시에는 여러 개로 나누어 발송해주세요. 여러 번 첨부파일을 제공하는 건 효과가 없으니 저희에게 전보로 기타발송 경로를 요구하시기 바랍니다.

 生词、生句

1. 配合 [pèihé] 협동하다, 협조하다
2. 委托 [wěituō] 위탁하다, 의뢰하다
3. 负债表 [fùzhàibiǎo] 대차대조표
4. 利润表 [lìrùnbiǎo] 손익계산서
5. 以期 [yǐqī] …을 목적으로 하여, …하기 위해서, …하도록
6. 请勿 [qǐngwù] …하지 마라

신년인사

"2019年将至，新年快乐"

感谢您对我们（株）ABC Company一如既往的支持，在以往的日子里，得到您的信任和支持，这是我们最宝贵的财富和您给予我们最珍贵的礼物。

在新的一年即将到来之际，我们在即将到来的新的一年里，会更加努力。

希望在新的一年里能够继续获得支持和关注。

另外衷心地祝福大家新春快乐、工作顺利、身体健康、阖家欢乐、新年吉祥！

（株）ABC Company全体员工

"2019년 새해 복 많이 받으세요"

2018년 한해 ㈜ ABC Company에 보내주신 관심과 은혜에 감사드립니다.

다가오는 새해에는 더욱 발전된 모습을 보여드릴 것을 약속드립니다.

아울러 새해에도 변함없는 관심을 부탁드리고,

이루고자 하시는 모든 일들 건승하시길 진심으로 바라오며,

건강과 행운이 늘 함께하시길 기원합니다.

2019년 새해 복 많이 받으시고, 가정에 늘 평안이 깃드시기를 기원합니다.

㈜ ABC Company 임직원 일동

 生词、生句

1. 一如既往 [yìrújìwǎng] 지금까지 변함없이, 지난날과 다름없다

2. 信任 [xìnrèn] 신임하다, 신뢰하다

3. 支持 [zhīchí] 지지하다, 견지하다

4. 财富 [cáifù] 부, 재산, 자산

5. 继续 [jìxù] 계속하다, 끊임없다

6. 获得 [huòdé] 얻다, 취득하다

7. 另外 [lìngwài] 이 외에, 이 밖에

8. 阖家 [héjiā] 가정, 온 집안

李经理 收

今天和我们总经理开会提出了最终建议, 请查阅如下内容:

A. 有关合同书内容的问题

在第7款"付款方式"中, 贵公司使用了"质保金"和"保证金"两个单词。因第7款之前未提及过任何术语解释, 因此我们不知如何解释。如上述两个单词是一个意思, 第14款的 (2) "不足部分卖方必须在接到买方书面付款通知后十日内补足"和第17款 (6) 的c) "卖方需在事情处理完毕一月内重新补足保证金"内容相互冲突。

如上述两个单词不一致, 在合同中未提及有关"保证金"的计算方法。

B. 附加合同的另外附加内容

1. 孝昌公司在出货前, 投保PL (Product   Liability: 产品责任保险), 如出现消费者投诉问题, 通过该保险解决问题。(这是在上一次提出过)

2. 贵公司须了解制做香皂样品时的问题。

因香皂的原材料中含有碱金属盐, 所以经过一段时间, 香皂的香气和颜色会加深。因此大量生产品和产前制做的样品在颜色和香气上, 会有些变化。贵公司须了解该点 (颜色和香气的变动幅度大约为+10%)。

贵公司帮我们解决上述A、B事项, 我们会立即签定合同。请贵公司谅解。

이 경리 귀하

금일 사장님과 최종 확인 후, 몇 가지 저희가 해결사항이 있어 계약 전 최종적으로 메일을 보내드립니다.

A. 계약서 내용의 문제

7. 付款方式에서 한 번은 "质保金"이라고 표기되었고, 한 번은 "保证金"이라고 표기되어 있습니다. 귀사의 계약서에 "단어들의 해석" 조항이 없기에 이는 서로 다른 단어로 판단되나, 같은 7번 조항 안에 있으므로 같은 의미로 봐야 할 것도 같습니다. 하나 같은 단어로 간주될 경우, 14번의 (2)에 보증금은 10일 내 보충하게 되어 있으며, 17번의 (6)에 c)를 보시면 1개월 내 보충하게 되어 있습니다. 이는 귀사의 법무부에서 확인해주시기 바랍니다. 두 개의 단어가 같은 뜻일 경우 서로 상충하며, 다른 뜻일 경우 "保证金"은 계약서 중 계산방법이 나와 있지 않습니다.

B. 계약서 추가 부분

1. 공장은 출하 시 PL(Product Liability) 생산물배상책임보험을 들고, 소비자배상 문제가 발생할 시 본 보험을 통해 배상문제를 해결한다. (이는 기존에 말씀드린 추가사항)

2. 비누 샘플 제작시의 문제점을 이해해주시기 바랍니다.

비누의 원재료는 알칼리염이기에 비누의 향과 색상은 시간이 경과할수록 진해질 수 있습니다. 따라서 양산 전 샘플의 기준은 샘플색상의 +10% 정도임을 인지해야 합니다.

위의 두 사항만 해결해주시면 바로 계약을 진행할 터이니 많은 부탁 드립니다.

 生词、生句

1. 建议 [jiànyì] 건의하다. 제시하다
2. 质保金 [zhìbǎojīn] 품질보증금
3. 保证金 [bǎozhèngjīn] 보증금
4. 因~因此 [yīn~yīncǐ] 왜냐하면 ~ 그래서
5. 卖方 [màifāng] 판매자
6. 买方 [mǎifāng] 구매자
7. 处理 [chǔlǐ] 처리하다
8. 上述 [shàngshù] 위에서 언급한

제품 소개 4

最近好吗?

向您介绍全世界人们的关注点——减轻微尘（PM）、温室气体、NOX的技术。

附件有有关有效减轻50%的采用重油的船舶、汽车排放的微尘（PM）以及减轻20%的NOx的燃料添加剂的技术资料。

在中国和韩国目前微尘成为了国家性的关注点，所以请向其它公司介绍上述的业务项目。

本公司产品有如下种类:

1. 汽车用（汽油、柴油用）
2. 锅炉用（重油用）
3. 船舶用（重油用、柴油用）

那么，祝您好运！

ABC 公司 洪吉东代理

그동안 안녕하셨습니까?

전 세계 관심사인 미세먼지(PM) 및 온실가스, NOx 저감기술을 소개합니다.

중유 사용 선박 및 자동차에서 미세먼지(PM) 약 50% 감소 및 NOx 약 20% 감소의 효과가 있는 연료첨가제 기술 자료를 첨부하여 보냅니다.

중국과 한국에서 미세먼지가 국가적 이슈인지라, 시기적으로 기회가 주어진 아이템이기에 해당 업체에 사업 제안을 하여주시기 바랍니다.

폐사 제품 종류는,

1. 자동차용(휘발유, 경유용)

2. 보일러용(중유용)

3. 선박용(중유용, 경유용)

그럼 행운을 빕니다.

ABC사 홍길동 대리

 生词、生句

1. 关注点〔guānzhùdiǎn〕 관심의 초점

2. 微尘〔wēichén〕 미진, 미세 먼지

3. 温室气体〔wēnshìqìtǐ〕 온실가스

4. 减轻〔jiǎnqīng〕 경감하다

5. 排放〔páifàng〕 배출하다

6. 燃料〔ránliào〕 연료

7. 添加剂〔tiānjiājì〕 첨가제

8. 汽油〔qìyóu〕 휘발유

9. 柴油〔cháiyóu〕 디젤유

10. 锅炉〔guōlú〕 보일러

11. 重油〔zhòngyóu〕 중유

회사 및 제품 소개

　　我从KOTRA公司获得贵公司的信息及获悉贵公司希望与我们经营工艺品进出口。我们愿意在开展这类商品的贸易方面与贵公司合作。我公司经营的工艺品有传统及现代风格的陶瓷类、珠宝装饰品及仿古器等。

　　这些品种均制作精美、质量上乘。尤其是陶瓷品由我国传统艺术家制做并由艺术协会认可的产品。式样新颖、色泽鲜艳、可与鲜花媲美。目前除我国之外, 受到亚洲的许多国家消费者喜爱。先发送几个图片, 请参考附件图。

　　欢迎来信联系。

KOTRA를 통해 귀사의 정보를 얻게 되었으며, 또한 귀사가 우리와 공예품에 대한 수출입을 원한다는 것을 알게 되었습니다. 우리는 무역에 있어 귀사와 같이 하고 싶습니다. 우리는 전통과 현대 스타일의 도자기류, 보석류 장식품, 고전을 모방한 제품을 취급하고 있습니다.

이러한 제품은 정교하고, 품질이 우수합니다. 특히 도자기는 우리나라의 전통 작가들이 만들고 예술협회에서 인정 받은 제품들입니다. 모양이 새롭고, 색이 선명하며, 화려하고, 꽃과 비교해도 손색이 없을 정도의 품질을 가지고 있습니다. 현재 우리나라뿐 아니라, 아시아의 많은 국가의 소비자들이 좋아합니다. 먼저 몇 개의 사진을 보내드리니 참조바랍니다.

언제든 연락 주시기 바랍니다.

生词、生句

1. 开展 [kāizhǎn] 전개하다
2. 传统 [chuántǒng] 전통
3. 风格 [fēnggé] 스타일
4. 陶瓷 [táocí] 도자기
5. 珠宝 [zhūbǎo] 보석
6. 仿古器 [fǎnggǔqì] 고전을 모방한 작품
7. 精美 [jīngměi] 세밀하다, 아름답다
8. 式样 [shìyàng] 모양
9. 新颖 [xīnyǐng] 새롭다
10. 媲美 [pìměi] 필적하다

您好!

　　本公司主要生产日用品 (香皂、牙膏、护肤乳、护肤水), 获二十多个国家的公司采用。随函附上产品宣传册的电脑版本及规格, 谨供参考。现为该产品开拓新市场, 希望得知贵地区从事日用品的代理商资料。如我们能够获得贵公司的帮助, 将不胜感激。如能找几个符合上述要求的代理商, 则感激不尽。本公司将与其联系, 研究能否建立互惠互利的业务关系。

谢谢

본사는 생활용품을 만들고 있습니다. 20여 개국의 기업에서 우리 제품을 구입하고 있습니다. 여기에 첨부파일로 카달로그와 규격을 드리니 참고 바랍니다. 현재 우리는 새로운 시장을 개척하고자 하며, 귀사의 지역에 생활용품 대리점을 하고 있는 자료를 주시면 감사하겠습니다. 귀사의 도움을 받는다면 은혜를 잊지 않겠습니다. 위에 말씀드린 조건에 부합되는 대리점을 찾아주신다면 정말 감사하겠습니다. 같이 협조하고 같이 이익을 얻는 방법을 모색하겠습니다.

감사합니다.

生词、生句

1. 日用品 [rìyòngpǐn] 생활용품
2. 护肤乳 [hùfūrǔ] 로션
3. 护肤水 [hùfūshuǐ] 스킨
4. 电脑版本 [diànnǎo bǎnběn] PC버전
5. 不胜感激 [búshènggǎnjī] 감사해 마지않습니다.
6. 感激不尽 [gǎnjībújìn] 감격하기 그지없다
7. 互惠互利 [hùhuìhùlì] 서로 이익과 혜택을 주다

가격 제시 3

TO:	FROM: 广州建立红贸易有限公司
电话: 051) 1234-5678	电话: 020) 12345678
传真: 051) 5678-1234	传真: 020) 56781234
	日期: 2019.5.16

报价单

请看以下报价作为参考, 如有任何问题请与我们联系。

序号	产品名称	产品型号	规格(宽W*长L*高H)	单位	数量	单价(元)	总金额(元)	备注
1	输送机	A1234		台	1	42000	42000	
2	热压机	H11K		台	1	35000	35000	
合计小写			合计人民币金额: 77000 元					
备注		1	本报价单有效期限: 至2019.11.12 供货期: 20个工作日					
		2	交货方式: CIF 釜山					
		3	付款方式: L/C at sight (即期信用证)					
		4	包装方式: 符合于海运运输标准					
		5	产品质保期: 1年					
		6	提供免费技术支持。					
		7	报价单内容请确认签名后回传。					

报价人: 刘红   审核: 陈江斌   审批: 宁菜趁

수신:				발신: Guang zhou jian li hong 무역유한공사					
전화: 051)1234-5678				전화: 020)12345678					
팩스: 051)5678-1234				팩스: 020)56781234					
				일자: 2019.5.16					

이하 Offer가격을 드리니 참조 바라며, 문제가 있으면 연락 바랍니다.

번호	제품명칭	모델명	규격 (W폭*L길이*H높이)	단위	수량	단가 (위안)	총금액 (위안)	비고
1	컨베이어	A1234		대	1	42000	42000	
2	핫프레스	H11K		대	1	35000	35000	
합계			인민폐 합계 금액: 77,000위안					
비고		1	본 Offer의 유효기간: 2019.11.12일까지 납기: 제20영업일					
		2	인도방식: CIF부산					
		3	대금지불방식: L/C at sight					
		4	포장방식: 해상운송 기준에 부합					
		5	품질보증기한: 1년					
		6	무료로 기술지원을 해드립니다.					
		7	Offer price 내용을 확인한 후 FAX로 회신 바랍니다.					

Offer인: liu hong   심의: chen jiang bin   확정: ning cai chen

 生词、生句

1. 备注 [bèizhù] 비고
2. 输送机 [shūsòngjī] 컨베이어
3. 热压机 [rèyājī] hot press
4. 供货期 [gònghuòqī] 납기
5. 交货方式 [jiāohuòfāngshì] 인도방식
6. 付款方式 [fùkuǎnfāngshì] 결제방식
7. 质保期 [zhìbǎoqī] 품질보증기간
8. 回传 [huíchuán] FAX로 회신하다
9. 审核 [shěnhé] 심의하다
10. 审批 [shěnpī] 심사하여, 결정하다

납품 시간대 조정 메일

尊敬的先生/小姐：

　　我公司近年来一直与贵公司保持良好的合作关系, 贵公司一直准时供货。但因贵公司近来业务量大量增加, 致使贵公司的供货出现一些问题, 近两个月对我公司发送的货物都于傍晚到达。对我公司而言, 这个供货时间点的确存在些许不便之处。例如, 刚好接近下班时间, 其他供应商也同时在这个时间点到货, 许多员工不得不加班卸货, 造成我公司许多收尾工作未能完善。我公司经过深入考虑, 权衡各个不便之处, 特请贵公司稍作调整, 更改供货时间。希望贵公司将对此没有异议, 并及时通知我公司更改的供货时间。真诚希望与贵公司保持良好的合作关系。

您真诚朋友
采购部

존경하는 Mr./Miss.

우리회사는 다년간 귀사와 좋은 관계를 맺어왔습니다. 귀사도 계속 제때 물품을 공급했습니다. 하지만 최근 업무량이 크게 늘자 귀사의 공급에 약간의 문제가 발생하였습니다. 최근 2개월간 우리에게 보내준 물품이 전부 늦게 도착했습니다. 우리에게 있어 정말로 불편한 점이 생겼습니다. 예를 들어 퇴근 시간에 다른 공급자도 이 시간에 물품이 도착하여 다수의 직원이 야근하며 하역하여서, 마무리 작업을 잘할 수 없게 만들었습니다. 하여 깊게 고려한 후 여러 불편한 점으로 인해 귀사에 납품 시간 변경을 요구합니다. 귀사에서 이견이 없으시면 시간을 변경하시고 그 시간을 가르쳐주시기 바랍니다. 진심으로 귀사와 좋은 관계를 유지하고 싶습니다.

生词、生句

1. 保持 [bǎochí] 유지하다
2. 准时 [zhǔnshí] 제때에
3. 致使 [zhìshǐ] 초래하다, 야기하다
4. 傍晚 [bàngwǎn] 저녁 무렵
5. 卸货 [xièhuò] 짐을 내리다, 하역하다
6. 收尾工作 [shōuwěi gōngzuò] 마무리 작업
7. 权衡 [quánhéng] 비교하다, 따지다

프로젝트 수락의 메일

您好!

经与贵公司有关投资项目合作事宜进行初步洽谈后, 我公司对合作事宜进行了研究, 认为:

1、该项目符合国家的产业政策, 具有较好的市场前景和发展空间;

2、该项目不仅将极大的促进双方发展, 而且还将极大的促进两地合作, 具有较大的经济效益和社会效益;

3、该项目所在我地区有很好的资源优势, 具备合作的基本条件。

我公司认为, 本项目符合合作的基本条件, 具备进行商务合作洽谈的基础。具体的合作事宜必须经双方更进一步详细洽谈。请贵公司法人代表收到本邀请函后, 派代表赴我公司作商务考察并就实质性框架合作进行洽谈, 我公司将承担本次商务考察的全部费用。

敬请告知准确时间, 以利安排, 我公司法人将亲自与贵公司面议合作事宜。

致敬!

商祺!

안녕하세요.

우리 회사는 귀사와의 투자 프로젝트에 대한 합작사항에 대해 협의한 후 회사 자체에서 연구를 한 결과:

1. 프로젝트가 국가의 산업정책에 부합되며, 비교적 좋은 시장 비전과 발전공간을 가지고 있다.

2. 프로젝트가 쌍방의 발전을 가져오고, 쌍방의 합작을 추진하며, 경제적 이익과 사회적 효과가 있다.

3. 프로젝트가 우리 지역에 자원적 우위점이 있으며, 합작의 본 조건을 가진다.

우리 회사는 본 프로젝트가 합작의 기본 조건에 부합되며, 상업적 합작의 기초를 가지고 있다고 생각합니다. 구제적인 사항은 반드시 쌍방의 심도 있는 협의를 통해야 합니다. 하여, 귀사의 법적 대표가 이 서신을 받으신 후, 대표자를 우리 회사에 파견하여, 실질적인 프레임을 논의하였으면 합니다. 우리 회사에서 이번에 현지 조사에 대한 비용을 전부 지불하겠습니다.

우리에게 정확한 시간을 통지해주시면 우리회사의 법인 대표와의 시간 약속을 잡겠습니다.

Best Regards

生词、生句

1. 投资项目 [tóu zī xiàng mù] 투자 프로젝트
2. 洽谈 [qiàtán] 상담하다
3. 前景 [qiánjǐng] 비전
4. 促进 [cùjìn] 추진하다
5. 经济效益 [jīngjìxiàoyì] 경제적 효과
6. 资源优势 [zīyuányōushì] 자원적 우세
7. 法人代表 [fǎréndàibiǎo] 법인 대표
8. 实质性 [shízhìxìng] 실질적인
9. 框架 [kuàngjià] 프레임, 골격
10. 考察 [kǎochá] 현지조사, 시찰

계약 문구 첨부 요청

希望编制合同书中有关瑕疵处理的条款。

如有能够判断ABC公司产品是否有错误的标准书, 请发送。

如不具备, 请提出能够判断出错误 (瑕疵) 的标准。

以便我们在编制合同时参考。

请谅解在编制合同书和发送订单时间延迟。

另外告知我们在春节期间能否协商合同的有关事宜, 请回复。

谢谢

계약서 작성 중 하자 부분을 정하고자 합니다.

ABC사에 제품의 하자 여부을 판단할 수 있는 기준서가 있다면 자료를 첨부하여주십시오.

만약 없다면 하자를 규정할 수 있는 기준을 만들어주십시오.

계약서 작성에 참고하겠습니다.

업무상 계약서 작성과 발주가 늦어진 점 양해 부탁드립니다.

설연휴 기간 중에도 계약관련 사항들을 논의할 수 있는지 답변 부탁드립니다.

감사합니다.

 生词、生句

1. 编制 [biānzhì] 편찬하다, 편집하다
2. 瑕疵 [xiácī] 하자, 흠, 결함
3. 以便 [yǐbiàn] ~하기 위하여, (하기에 편리)하도록
4. 谅解 [liàngjiě] 양해하다, 이해하여 주다

Part 05 클레임, 독촉

대리점 결제 요청 및 회신

(1)

ABC公司周瑜经理

您好!

广州的展览会成果如何? 去广州出差很辛苦吧!

因我们也在关注广州的展览会, 请您给我们发送展览会有关的照片。

另外, 我们在3月20日出口的1个集装箱的付款日应是4月30日, 请确认。

因我们的会计部门每月在建立资金计划, 所以提问。

谢谢, 请尽快回复。

(2)

我是负责人周瑜, 对本次货款问题作出回复, 因本次进货与前期在中国做的产品促销活动密切相关, 所以厂家应该充分考虑我们公司在前期的产品推广活动中投入了50万人民币, 目前现金方面很紧张, 还请厂家谅解, 商量如何分担前期的损失!

我提议贵公司和我们共同承担推广活动的费用支持, 比例由双方协商确定, 理由是这次活动是厂家发起的。

谢谢配合!

(1)

ABC사 주유 경리

안녕하세요.

광주 박람회는 성과가 좀 있으셨나요? 광주 출장 다녀오시느라 수고하셨습니다.

저희도 관심이 많은 박람회이므로 행사 관련 사진 보내주시면 감사하겠습니다.

그리고 3월 20일 수출한 1컨테이너 결제는 4월 30일로 알고 있으면 될까요?

회계팀에서 매월 자금계획을 세우기 때문에 문의드립니다.

그럼, 빠른 답변 부탁드립니다.

(2)

담당자 주유입니다. 이번 물품대금은 저번 중국의 상품 이벤트와 관련이 많습니다.

따라서 공장에서 지난번 이벤트에 우리 회사에서 50만 위안을 투자한 점을 충

분히 고려해야 합니다. 현재 저희도 현금 흐름이 상당히 좋지 않습니다. 이 점 이

해해주셔야 합니다. 또한 이번 손실에 대해 어떻게 서로 부담해야 하는지도 협의

해야 합니다.

하여 이벤트 비용을 같이 부담해주시기 바랍니다. 비율은 협상으로 결정하면 좋

겠습니다. 이번 이벤트는 귀사에서 제안했기 때문입니다.

협조 바랍니다.

 生词、生句

1. 关注 [guānzhù] 지켜보다, 주시하다.（그냥 지켜보는 것）
   关心 [guānxīn] 관심 있다

2. 现金方面很紧张 : 현금 상황이 긴장되다 (좋지 않다)
   ex) 目前公司资金较紧张。张总能否帮我们解决。
   지금 회사 자금사정이 좋지 않습니다. 장사장님께서 도와주시면 감사하겠습니다.

3. 配合 [pèihé] 협력하다
   * 配合 : 분업하여, 공동의 목표를 달성해야 하는 경우, 협력, 협조하다
     协助 [xiézhù] : 도와주다 (assist : 평등한 입장에서의 도움)
     ex) 你协助我吧。일을 하는데 도움을 얻으면 조금 더 쉽게 처리할 수 있을 경우
     帮助 [bāngzhù] : 도와주다 (help : 기술 우위의 입장에서의 도움)
     ex) 你还是帮他吧。너의 도움이 없으면 해결이 되지 않을 경우

결제 요청

您好！

　　对于7月15日出库产品的首付款 (50%)，还没收到。

　　我们公司的收款方式是与之前交易的方式相同，产品出库时支付50%的首付款，出库后一个月内支付50%。

　　我们已多次要求支付货款，但目前为止还未任何的回复，另外还没有收到运输代理公司的联系方式。

　　如到7月25日为止我们未收到首付款，这次装船会延迟，因目前属于工厂员工的放假期间，所以如需要早日装船，请今日支付上述的首付款。

　　请尽快回复。

谢谢

안녕하십니까?

7월 15일 출고수량에 대한 선입금분(50%)이 아직 입금되지 않았습니다.

우리는 귀사와 계속 거래했던 방법대로 제품 출고 시 50% 입금, 출고 후 한 달 이내 50% 입금을 원칙으로 했습니다.

금번 출고는 이미 여러 차례 입금을 요청하였으나 아무런 답변이 없고 포워딩 업체 연락처도 전달받지 못했습니다.

7월 25일 전 입금 확인이 되지 않는다면 금번 선적은 연기될 예정이며, 지금 공장이 휴가시즌이라, 빠른 선적을 바라신다면, 금일 입금을 요청하는 바입니다.

답변 기다리겠습니다.

수고하십시오.

 生词、生句

1. 出库 [chūkù] 출하하다
2. 首付款 [shǒufùkuǎn] 선금
   首款 [shǒukuǎn] 선금
   中款 [zhōngkuǎn] 중도금
   尾款 [wěikuǎn] 잔금
3. 与~相同 [yǔ~ xiāngtóng] ~과 같다
4. 目前为止 [mùqián wéizhǐ] 지금까지
5. 运输代理公司 [yùnshū dàilǐgōngsī] 포워딩 회사(forwarding agent's)
6. 放假期间 [fàngjiàqījiān] 휴가시즌

ABC公司 周瑜总经理 收

您好！
　　对于周总经理为开拓中国市场而付出的不懈努力，表示非常感谢。
　　与我们建立合作已有3个月了。
　　因此，根据协议内容中的乙方义务和责任，请施行如下事项：
一、乙方的职责及义务。
2、引荐甲方和哈尔滨公司成为合作公司，每3个月以书面报告甲方哈尔滨的营业情况。
3、收集中国市场的重要信息，之后每6个月向甲方书面汇报。
5、负责协调双方合作及帮助解决合作过程中的各项问题，帮助甲方做好中国市场管理，起着甲方中国分公司的作用。
在书面报告"哈尔滨的营业情况"时，请按如下的具体内容向我们汇报：
1. 与CHINA COMPANY之间的进展如何？
2. 在TEST中的公司有哪些？
3. 技术部门员工的备份掌握程度有多少？
4. 初次出现订单的时间是什么时候，是什么原因？
再次感谢贵司的努力，请尽早回复。

ABC사 주유 총경리님 귀하

안녕하십니까?

중국 시장 개척을 위해 노력하는 周사장님께 감사드립니다.

저희와 합작협의를 맺은 지도 이제 3개월이 넘었습니다.

따라서 합작 협의 내에 있는 을의 의무와 책임에 따라 다음 사항을 부탁합니다.

일, 을의 책임과 의무

2. 갑과 哈尔滨회사와 합작 회사가 되게끔 추천하며, 갑에게 哈尔滨회사의 영업 상황을 3개월마다 문서로 보고한다.

3. 갑에게 중국 시장 등 중요 정보를 수집하여 6개월마다 문서로 보고한다.

5. 쌍방의 합작을 조화롭게 조정하며, 계약 중 혹은 계약 이행 중 발생하는 문제를 원활히 해결하고 갑을 도와 중국 시장을 관리하여 갑의 중국 지사 역할을 한다.

"哈尔滨의 영업 상황을 문서로 보고"할 때 다음과 같은 구체적인 내용을 알려주시기 바랍니다.

1. CHINA COMPANY과의 진행 사항은 어떻게 되고 있습니까?

2. 테스트 중인 회사는 어느 곳입니까?

3. 기술부 직원들의 백업 장악력 정도는 어느 수준입니까?

4. 첫 ORDER가 나올 수 있는 시점은 언제이며, 그 이유는 무엇인가?

귀사의 노력에 감사드리며, 빠른 답변을 부탁드립니다.

 生词、生句

1. 付出努力 [fùchū nǔlì] 노력을 기울이다.

2. 义务和责任 [yìwù hé zérèn] 의무와 책임

3. 职责 [zhízé] 직책

4. 收集 [shōují] 수집하다.

5. 汇报 [huìbào] 보고하다.

6. 协调 [xiétiáo] 조화를 이루다, 조화롭게 하다

7. 如何 [rúhé] 어떠한지(怎么样 의 서면어)

8. 备份 [bèifèn] 백업하다(back up)

9. 掌握 [zhǎngwò] 장악하다

품질 불량 해결 요청

回信: 有关品质不良的事宜

　　希望贵公司有不断发展。

　　本公司从贵公司2月份进口了薄膜 <发票号码: ABC1234; 日期: 2019.2.5, 数量: 15卷>, 我们在包装产品时, 发现上述的薄膜会起皱, 还陆续出现有洞 (请参考附件图片A), 不良率已达到50%。(请参考附件的"不良及库存现况表")。

　　我们一开始认为印刷公司的印刷错误, 更换新的薄膜, 再次进行印刷, 还出现相同的问题。

　　我们为了找出原因, 与印刷公司进行详细调查 (打开新的薄膜卷, 以及以缓慢进行印刷进行检查), 结果出现以下情况:

1. 薄膜卷本身在进货时已褶皱。(请参考附件图B)
2. 薄膜中间有成团的部位。(请参考附件图C)

　　据印刷公司分析, 有上述的原因, 造成已印刷的产品上出现上述的不良。印刷公司指出, 因薄膜本身带有不良, 所以进行印刷时会陆续出现不良, 由于此原因目前印刷公司还拒绝了印刷工作。

　　因去年我们使用贵公司的薄膜还对品质很满意, 所以本公司指定了贵公司的2种产品, 这次再次进口贵公司的产品, 但出现了上述的不良, 现在我们面临大麻烦。

　　由于这次的不良, 我们处于须停止出口用2种产品的生产 (日本等国家), 我们希望贵公司尽快解决不良问题, 能让我们顺利出口。

　　请参考附件图片, 希望尽快找到原因并提供解决方案, 如需要本公司提供更多资料, 请即刻告知我们。

　　本公司希望继续使用贵公司的薄膜, 并且也希望扩大市场, 请尽快解决这次的问题。

　　　　　　　　谢谢

RE: 품질불량의 건

귀사의 일익 번창하심을 기원합니다.

당사는 귀사로부터 2월에 수입한 필름〈송장번호: ABC1234, 날짜: 2019.2.5, 수량: 15개〉으로 제품을 포장하는 작업 중에 필름이 심하게 울고 구멍이 나는 불량(첨부사진 A 참조)이 지속적으로 발생하고 있으며, 불량률이 50% 이상입니다(첨부된 "불량 및 재고현황표" 참조).

처음에는 인쇄회사에서 인쇄를 잘못한 것으로 판단하여, 새로운 롤로 다시 인쇄를 진행해보았으나 동일한 문제가 지속적으로 반복되고 있습니다.

원인 파악을 위하여, 인쇄회사와 정밀조사(새 롤을 풀어보고, 또한 매우 천천히 인쇄를 해보면서 확인)를 해본 결과,

1. 필름롤 자체가 울어서 들어온 것도 많고(첨부사진 B 참조)
2. 필름의 중간중간에 필름이 뭉친 부분들이 있습니다.(첨부사진 C 참조)

인쇄회사에서는 이러한 문제들 때문에 인쇄된 최종제품에서 그런 불량이 생기는 것이라 합니다. 또한, 필름 자체가 불량이라 인쇄해봐야 계속 동일한 불량이 발생할 수밖에 없다며 더 이상 인쇄작업을 거부하고 있는 상황입니다.

작년 귀사의 필름을 사용하였을 때 당사는 그 품질에 상당히 만족하였고, 당사 내부적으로 귀사의 필름을 사용한 2가지 제품을 지정하고 금번에 수입을 다시 진행하였습니다만 이러한 사태가 발생하게 되어 큰 곤란을 겪고 있습니다.

금번 불량사태로 우리는 지금 지정된 2가지 수출제품(일본 등 국가)의 생산을 중단해야만 하는 긴급한 상황에 처해 있으며, 어떻게든 금번 문제를 조속히 처리하여 당사의 예정된 수출에 이상이 없도록 해야만 합니다.

첨부된 사진들을 참조하시어, 신속히 원인을 분석하고 해결방안을 강구해주시기 바라며, 당사가 추가로 제공해야 할 자료가 있으면, 즉각 알려주시기 바랍니다.

당사는 앞으로도 귀사의 필름을 지속적으로 사용하고 또한 시장을 확대해나가기를 희망하오니, 금번 문제를 조속히 해결해주시기를 요청드립니다.

감사합니다.

 生词、生句

1. 发票 [fāpiào] 영수증, 인보이스
2. 陆续 [lùxù] 계속해서
3. 拒绝 [jùjué] 거절하다

포장필름 불량

张先生: 您好!
感谢您的回复。

首先希望您再了解一下, 因我们不是卷膜生产商和印刷厂, 而是生产及出口食品的公司, 所以我们对这次的问题, 不具备专业性的知识。

对我们最重要的事情是稳定包装及出口食品, 为了达到上述的目的, 须采购既稳定又完美的材料。

本公司一直都非常满意贵公司的卷膜, 但因出现这次的问题, 对稳定生产造成了致命性的打击, 所以我们希望以后别再出现类似问题。

为贵公司参考, 再说明一下附件图片。

图A: 是在包装食品的程序6中出现问题的薄膜。

图B: 是印刷厂仓库里的新的卷膜 (是刚打开包装的新的卷膜)。

图C: 是为了找出原因, 印刷厂在缓慢打开的同时, 进行印刷的图片 (出现问题的图)。

我们公司因这次出现的问题, 遭受的损失如下:

1. 对不良卷膜的印刷费用。
2. 停止生产食品造成的损失。
3. 停止出口造成的损失利益和公司声誉。

合计上述费用肯定是很大, 另外因停止出口造成的损失幅度越来越大。

本公司需要尽快解决上述的问题, 请尽快回复及采取措施。

谢谢

장 선생님: 안녕하십니까?

답변 감사합니다.

우선, 저희는 식품생산 및 수출회사로, 필름 생산전문가나 인쇄전문가가 아니기 때문에 금번 문제에 대해 전문적인 지식을 가지고 있지 않음을 다시 한번 말씀드리고 싶습니다.

따라서, 저희에게 가장 중요한 것은 안정적인 식품의 포장 및 수출이고, 이를 위해 안정적인 완벽한 부재료의 조달이 필수적이라 할 수 있습니다.

당사는 지금까지 귀사의 필름에 매우 만족해왔지만, 금번과 같은 문제는 당사의 안정적인 생산에 매우 치명적인 타격을 주게 되므로 다시는 발생하지 않기를 진심으로 바랍니다.

귀사의 참조를 위하여, 첨부된 사진들에 대해 설명드리고자 합니다.

A사진: 당사가 포장하는 과정 중에 문제가 된 필름들입니다.

B사진: 인쇄회사의 창고에 보관되어 있는 새 롤들의 포장을 뜯어서 찍은 사진들입니다.

C사진: 원인을 찾기 위해 인쇄회사에서 매우 천천히 롤을 풀어가며 인쇄작업을 하면서 문제가 되는 부분들의 사진을 찍은 것입니다.

이번 일로 우리회사에서 입은 피해는:

1. 인쇄된 불량필름들에 대한 인쇄료 지급

2. 반복된 식품생산 중단에 따른 생산 손실

3. 수출의 중단 및 이에 따른 이익손실과 이미지 손실

이 비용들을 산정하면 아마 매우 큰 금액이 나올 것입니다. 또한, 수출의 중단에 따른 손실은 기하급수적으로 증가하고 있는 상황입니다.

당사는 매우 긴급한 상황임으로 귀사의 빠른 답변 및 조처를 기대합니다.

감사합니다.

 生词、生句

1. 不是~而是 〔búshì érshì〕 ~이 아니고 ~이다

2. 既~又~ 〔jì yòu〕 ~하고 ~하다.

3. 致命性 〔zhìmìngxìng〕 치명적

4. 打击 〔dǎjī〕 타격

5. 缓慢 〔huǎnmàn〕 천천히

6. 褶皱 〔zhězhòu〕 주름

7. 像~般 〔xiàng bān〕 ~처럼

8. 处于 〔chǔyú〕 ~에 처해 있다

9. 遭受 〔zāoshòu〕 입다, 당하다

불량 클레임에 대한 회신

您好！

　　非常道歉因出现品质问题给您带来的麻烦。

　　我们接到了制做完成品时, 在高温中颜色会变的问题的通知, 因此我们通知制造公司并且咨询了上述的问题。

　　出现的原因是比以往含有了更多的游离脂肪酸。

　　制造公司有2个100吨的储藏罐。

　　平时会加满100吨全部的容量, 在一个储存罐内加满100吨的时候, 另一个储存罐的产品出货。

　　那么产品会在储藏罐内储藏数日, 此阶段会出现'层分离'现象, 在上层会集中游离脂肪酸。

　　一般会去除上层的游离脂肪酸后进行出货。

　　但最近出货量过多, 产品未在储藏罐内储藏一定时间, 在生产的同时就出货了。

　　因此我们判断, 在产品内, 有了比以往更多的游离脂肪酸。

　　我们认为这是在高温中导致变色的原因。

　　这导致了贵公司的品质出现了问题, 我们感到非常抱歉。

　　我们承诺, 我们会投入更多的努力来控制游离脂肪酸的含量, 不会再出现上述的问题。

　　再次道歉给您带来的麻烦。

　　　　　　谢谢

안녕하세요.

먼저 품질문제 발생으로 불편함을 드려 죄송합니다.

완제품을 만들었을 때, 고온에서 색상이 변색되는 문제가 발생한다고 전달받았고, 이에 대해 제조사에 내용을 전달하고 원인에 대해 문의하였습니다.

발생 원인은, 평소보다 조금 더 많이 지방산이 포함되었기 때문인 듯합니다.

제조사는 100톤짜리 저장탱크 2대를 운영하고 있습니다.

평상시에는 100톤을 모두 채우고, 나머지 저장탱크에 100톤을 채우는 동안 다른 탱크의 제품을 출고합니다.

그러면 제품이 저장탱크 내에 수일 동안 보관하게 되고, 이때 층 분리가 일어나서 상층부에 지방산이 모이게 됩니다.

그러면 이를 제거한 후, 제품을 출고합니다.

그런데 최근 출고량이 너무 많아서, 제품을 저장탱크에 일정기간 보관하지 못하고, 생산하자마자 바로 출고하였습니다.

하여 평소보다 더 많은 양의 유분이 저희 제품에 포함되었을 것으로 생각됩니다.

이것이 고온에서 색상을 변색시키는 원인으로 작용한 듯합니다.

이것이 귀사의 품질 문제로 연결되어 많이 당황스럽고 죄송스럽게 생각합니다.

앞으로는 유분의 함량을 최소화하도록 관리해서, 현재와 같은 문제가 발생하지 않도록 조치하겠습니다.

불편을 드려 죄송합니다.

감사합니다.

 生词、生句

1. 道歉 [dàoqiàn] 사과하다
2. 游离 [yóulí] 유리되다, 동 떨어지다
3. 储藏罐 [chǔcáng guan] 저장탱크
4. 脂肪酸 [zhīfángsuān] 지방산
5. 加满 [jiā mǎn] 가득 채우다
6. 层分离 [céng fēn lí] 층 분리
7. 控制 [kòngzhì] 제어하다
8. 承诺 [chéngnuò] 약속하다

张总经理 收
您好!

　　昨天我从洪部长那收到了一份报告。贵公司希望将我们产品的部分产品退货, 感到很遗憾。

　　在制做贵司的样品过程中, 我们全体员工都投入了最大的努力, 为了达到贵司的多个要求付出了更多的努力, 制作出的50多种样品, 大部分都是在一天或二天内生产完毕以及提供给贵公司的。

　　从展览会回国后, 因贵司的时间过于紧迫, 我们为了尽早发送, 但我们发现直到周六都无法在威海海关通关, 所以我们重新生产了并在周六亲自送产品给贵公司。

　　我们重新生产的产品并不是为了销售更多数量。

　　那是按贵公司紧迫的时间能够生产出的唯一方法, 我相信贵司也了解, 我们投入了最大的努力。

　　贵公司退货后, 我们无法在其他地方销售这些产品, 因这些产品都是按贵司要求的颜色而进行染色, 根据贵司要求制作的样品。

　　在海关扣留的产品是因为晚到, 所以贵司只使用了部分产品, 我们能理解贵司没使用剩余的产品。

　　问题是, 我们在检查退货的数量时, 发现了退货的数量中, 除了最后到达的数量外, 还包括我们亲自送到威海的一些数量。

　　我们只能接受贵司希望退货数量中, 最后到达的数量。请支付除了扣除该金额外的其他金额。

장 사장님께.

안녕하세요. 저는 어제 우리 회사의 홍 부장으로부터 한 가지 보고를 받았습니다. 우리 제품 일부를 반품하고 싶어 한다는 내용이었습니다. 유감스럽게 생각합니다.

우리는 귀사의 샘플을 만드는 동안 모두가 최선의 노력을 다했습니다. 귀사의 다양한 요청에 노력을 기울이며, 약 50여 가지의 샘플을 만들었고, 대부분 하루에서 이틀 안에 생산을 완료하여 전달했습니다.

전시에서 돌아온 후, 귀사의 시간이 너무나도 촉박하여 하루 이틀이라도 빨리 발송하려고 하다가, 위해 세관에 걸린 제품이 원래 예정이었던 그 주 토요일까지 도착하지 못할 것을 발견하자마자, 우리는 재생산을 했고, 그 주 토요일에 직접 제품을 들고 가서 전달했습니다.

우리가 재생산을 한 것은 이것을 더 팔려고 한 것이 아닙니다.

당신들의 촉박한 시간에 맞추기 위한 유일한 방법이었고 진심을 담은 노력이었으며, 이것을 귀사도 알고 있을 거라고 믿습니다.

반품을 해도, 이것은 우리 역시 아무 데도 사용하지 못합니다. 왜냐하면, 이것은 모두 귀사만을 위해, 귀사의 색상에 맞춰 염색하고, 귀사의 요청에 의해 만든 샘플이기 때문입니다.

세관에 걸렸던 제품들은 늦게 도착하여 귀사가 일부 필요한 것만 사용을 했고 나머지는 사용하지 못했다는 것을 이해할 수 있습니다.

하지만, 반품 수량을 확인해보니, 마지막 도착한 것뿐만 아니라, 저희가 위해에 직접 들고 간 수량까지도 포함되어 있습니다. 이것은 이해하기 어렵습니다.

귀사가 반품을 원하는 것 중에서 제일 마지막에 도착한 수량부분은 반품을 수락하겠습니다. 본 금액을 차감한 나머지 샘플대금은 결제 정리를 부탁드립니다.

生词、生句

1. 退货 [tuìhuò] 반품하다
2. 遗憾 [yíhàn] 유감이다
3. 紧迫 [jǐnpò] 긴박한
4. 扣留 [kòuliú] 구류하다, 차압하다
5. 亲自 [qīnzì] 직접, 친히
6. 除了~还 ~이외에 ~도
7. 扣除 [kòuchú] 공제하다

클레임 관련

赵总,
你好!

按如下通知关于质量与索赔,请查阅。

质量与索赔:

如贵公司的物品质量不符合合同规定,我公司将退货。由于货物质量问题而产生的损失,应由导致品质问题的公司承担。索赔应当在收到货后45天内提出。如有争议,建议由中国对外贸易仲裁委员会仲裁。我建议通过友好协商来解决我们之间的争议。特此通知。

谢谢!

조 사장님,

안녕하세요.

아래와 같이 클레임 관련하여 통지를 드리니, 참고 부탁드립니다.

품질과 클레임:

만약 귀사의 물품의 품질이 계약규정에 부합하지 않을 경우, 본사는 반품하겠습니다. 물품 품질문제로 손실이 발생할 경우, 품질문제를 일으킨 회사에서 책임져야 합니다. 클레임은 물품을 인한 후 45일 내 제기할 수 있습니다. 분쟁이 있을 경우, 중국대외무역중재위원회에서 중재할 것을 제의합니다. 저희는 우호적인 협상으로 해결하면 좋겠습니다. 이에 통지해드립니다.

감사합니다.

 生词、生句

1. 符合 [fúhé] 부합하다

2. 产生 [chǎn shēng] 일으키다, 발생하다

3. 损失 [sǔnshī] 소모하다, 소비하다, 잃어버리다, 손실되다, 손해 보다, 손해, 손실

4. 承担 [chéngdān] 맡다, 담당하다, 감당하다, 부담하다, 책임지다

5. 仲裁委员会 [Zhòngcáiwěiyuánhuì] 중재위원회

6. 争议 [zhēngyì] 쟁의하다, 논의하다, 쟁론하다, 논쟁하다

7. 索赔 [suǒpéi] 배상(변상)을 요구하다, 클레임(claim)을 요구하다

陈先生

　　7月10日收到贵公司40个纸板箱钢螺钉。然而, 当中10个纸箱于运送途中破烂, 另货物散落, 造成损失。本公司了解到此非贵公司之过, 但希望能改进包装的方法, 以避免同类事件发生。日后的包装木箱净重20公斤, 可装每个净重500克的纸板箱40个。烦请确认上述方法, 并告知新方法会否引致价格上涨。
盼望早日赐复。

진 선생님

7월 10일 귀사의 40개의 판지상자 나사못을 받았습니다. 그런데 그 가운데 10개의 판지상자가 운송 중에 손상이 되어, 다른 물건들이 뿔뿔이 흩어져 손해를 입었습니다. 우리는 이번 피해가 귀사의 잘못이 아님을 이해하지만 향후 손실을 방지하기 위해서 포장 요구 사항을 수정해야 한다고 생각합니다. 이후의 포장은 20킬로의 나무상자로 되어있어야 하며, 각 나무상자는 500그램의 판지상자 40개가 들어가 있어야 합니다. 위에 기술한 방법이 충족되는지 여부와 새로운 방법과 가격 인상 여부를 알려주시기 바랍니다.

 生词、生句

1. 纸板箱 [zhǐbǎnxiāng] 판지상자
2. 螺钉 [luódīng] 나사못
3. 散落 [sànluò] 흩어져 떨어지다
4. 造成损失 [zàochéngsǔnshī] 손해를 끼치다
5. 木箱 [mùxiāng] 나무상자
6. 上涨 [shàngzhǎng] (가격이나 물가가) 오르다

제품 하자 메일

ABC贸易有限公司

　　贵公司2018年10月11日函收悉。函中所诉2018年9月7日《购买平底锅合同》中，所收的10条把手部位出现接口破裂一事，深表歉意，此事已引起我方高度重视，现已就此事进行调查。经过有关部门的调查：我厂生产的KT1234型把手在出厂时，经质检部门检验全部为优质产品。

　　该把手是由于我方工人在出仓时装载不妥造成的。这造成贵公司的损失，我们再次深表歉意。

　　请贵公司尽快提供已损坏的把手数字及图片。我公司将以最快的速度按实际损失给予无条件赔偿。

　　对此，我们将引以为戒，查找工作中存在的问题和不足，我们承诺再也不会出现同样的事情。我们希望能够得到贵公司的谅解，以及继续保持良好的交易关系。

ABC무역회사:

귀사에서 2018년 10월 11일에 보낸 메일 잘 받아보았습니다. 2018년 9월7일 〈프라이팬 구매 계약서〉에 관한 클레임 중에 언급된, 물량 중 10개의 손잡이가 파손된 사항에 대해 깊은 사과를 드립니다. 이 사건은 우리 회사도 직시하는 것으로 조사를 완료했습니다. 관련 부서의 조사 결과, KT1234모델의 손잡이는 출하 시, 검수부문에서 모두 우수한 제품인 것으로 보고되었습니다. 그러나 손잡이는 우리 공장 직원이 적재할 때 실수가 있었음이 밝혀졌습니다. 이에 다시 한번 사과의 말씀을 드립니다.

그러니 귀사에서 손상된 손잡이의 숫자와 사진을 보내주시기 바랍니다. 가능한 한 가장 빠른 시간 내에 실제 손상된 손잡이를 무상으로 배상해드리겠습니다.

우리 회사는 이번 일을 거울로 삼고, 작업 중 존재하는 문제를 보완할 것이며, 다시는 이런 일이 발생하지 않게 하겠습니다. 귀사의 많은 아량 바라며, 계속해서 좋은 관계를 이어나갔으면 합니다.

 生词、生句

1. 函 [hán] 편지, 메일
2. 收悉 [shōuxī] 잘 받아보다
3. 平底锅 [píngdǐguō] 프라이팬
4. 把手 [bǎshou] 손잡이
5. 破裂 [pòliè] 갈라지다, 파열되다
6. 深表歉意 [shēnbiǎo qiànyì] 깊이 사과를 드리다
7. 优质 [yōuzhì] 우수한 품질
8. 出仓 [chū cāng] 출하
9. 装载 [zhuāngzài] 적재
10. 无条件 [wútiáojiàn] 아무 조건 없이
11. 赔偿 [péicháng] 배상하다
12. 引以为戒 [yǐnyǐwéijiè] 거울로 삼다
13. 谅解 [liàngjiě] 양해하다, 이해하다

首先，谢谢你将问题告知我们。对于我们未能提供让你满意的货品，本人衷心向你致歉。

我们向你保证，我们会立即向你免费提供另一件经检定的货品，以作更换。我们营业部的李经理会尽快和你联系，安排有关事宜。

我们会研究有关问题，找出问题的原因，以及尽力避免同样不幸事情的出现。

我们希望你明白这只是一次意外的独立事件，我们会极力维护及不断提升我们产品质量和声誉，我们会更珍惜与贵公司长久建立的友谊，同时我们亦会不断努力，为你提供价廉物美的产品及售后服务。

如有任何问题，欢迎随时联系我们。

먼저 문제점을 말씀해주셔서 감사드립니다. 만족할 만한 제품을 드리지 못해 미안하게 생각합니다.

바로 검정된 물품을 다시 무료로 보내드리겠습니다. 우리 영업부서의 이 경리가 바로 연락드려 처리해드릴 것입니다.

일단 문제점을 연구하고 원인을 파악하여, 다음에 같은 문제가 발생하지 않도록 할 겁니다.

이번 일은 단지 의외의 일이라고 생각해주시기 바랍니다. 저희는 부단한 노력으로 제품 품질과 명예를 제고할 겁니다. 귀사와 오랜 기간 우호적인 관계를 유지함을 소중히 여길 것이며, 끊임없는 노력으로 귀사에 가성비가 높은 제품을 드릴 것이며, A/S도 완벽하게 해드릴 것입니다.

문제가 있으시면 언제든지 연락 바랍니다.

生词、生句

1. 衷心 [zhōngxīn] 충심으로
2. 致歉 [zhìqiàn] 사죄하다
3. 事宜 [shìyí] 관련 사항
4. 意外 [yìwài] 의외의
5. 维护 [wéihù] 유지하다, 보호하다
6. 声誉 [shēngyù] 명예, 명성
7. 珍惜 [zhēnxī] 소중히 여기다
8. 价廉物美 [jiàliánwùměi] 상품의 질이 좋고 값도 저렴하다
9. 售后服务 [shòuhòufúwù] A/S

您好！
在25日收到了产品。
验收产品的结果, 不良内容如下:
(1) A产品: 5,000个
气泡比较能成团。
但, 产品中的20～30%, 气泡不好成团。
最大的问题是, 因气泡与贵公司发送的样品相比太小, 所以
无法使用全部的气泡。
(2) B产品: 5,000pcs
因气泡无法成团, 所以无法使用。
另外, 水珠的大小与样品相比太小。
您也了解, 交货太晚, 出现了严重的问题。
等了这么久, 还是出现品质问题, 不知该怎么办。
很失望。
请再制做10,000个新产品后尽快发送。

안녕하세요.

제품은 25일 받았습니다.

제품 확인 결과 불량 내용은 다음과 같습니다.

(1) A제품: 5000개

비교적 기포가 잘 뭉쳐집니다.

그런데 20-30% 정도는 기포가 잘 뭉쳐지지 않습니다.

가장 큰 문제는 기포가 당사에서 귀사에 보내준 샘플에 비하여 너무 작아 모

두 사용할 수 없습니다.

(2) B제품: 5000개

기포가 뭉쳐지지 않아 사용할 수 없습니다.

그리고 물방울 크기가 샘플에 비하여 너무 작습니다.

잘 아시겠지만 납기가 너무 늦어 문제가 심각합니다.

지금까지 기다렸는데 품질에 문제가 있어서 이 문제를 어떻게 해야 할지 모르

겠습니다.

너무 실망스럽습니다.

빨리 10,000개를 다시 만들어 보내주시기 바랍니다.

生词、生句

1. 验收 [yànshōu] 검수하다

2. 气泡 [qìpào] 기포

3. 成团 [chéngtuán] 뭉쳐지다

4. 与~相比 ~과 비교하여 (比~更의 문어체 표현)

5. 水珠 [shuǐzhū] 물방울

6. 失望 [shīwàng] 실망하다

(1)

黄总

第8756号账单

鉴于贵方总是及时结清项目, 而此次逾期一个月仍未收到贵方上述账目的欠款, 我们想知道是否有何特殊原因。

我们猜想贵方可能未及时收到我们8月30日发出的80,000美元欠款的账单。现寄出一份, 并希望贵方及早处理。

(2)

黄总

第8756号账单

我们于9月8日及9月18日两次去函要求结付80,000美元欠款, 单至今未收到贵方任何答复, 对此我们感到难于理解。我们希望贵方至少得解释为什么账款至今未付。

我想你们也知道我们对贵方多方关照, 但你们对我们先前的两次询函不作答复。你们这样做恐怕已经使我们别无选择, 只能采取其他步骤来收回欠款。

我们极不愿意做任何损害你们信誉的任何事情。即使现在我们还准备再给你们一次机会来挽回此事。因此, 我们再给你们15天时间来结清账目。

(1)

황 사장님

제8756호 계산서

귀하는 매번 제때 대금을 결제해주셨는데, 이번에는 한 달이 지나도록 폐사는 위의 계좌에 대한 지불을 받지 못했습니다. 특별한 이유가 있는지 궁금합니다.

아직 저희가 8월 30일에 보낸 8만 달러의 체불 계산서를 받지 못하신 거 같습니다. 지금 바로 1부를 보내드리니 빠르게 처리해주시길 바랍니다.

(2)

황 사장님

제8756호 계산서

우리는 9월 8일과 9월 18일 두 차례 8만 달러의 부채를 계산해주실 것을 요구하였는데, 지금까지 귀하의 어떠한 회신도 받지 못했으며, 저희는 이를 매우 이해하기 어렵습니다. 저희는 적어도 귀하가 왜 지금까지 대금을 지급하지 않는지 이유를 설명해주셨으면 합니다.

우리가 귀하에 많은 배려를 한 것을 알고 있으시리라 생각합니다만 귀하는 저희에게 앞서 보낸 두 번의 메일에 회신도 없습니다. 귀하께서 이렇게 하셔서 저희는 선택의 여지 없이 다른 절차로 대금을 회수할 수밖에 없을 것 같아 두렵습니다. 저희가 이를 준비하고 있지만 귀하께서 이 일을 회수할 수 있도록 다시 한 번의 기회를 드립니다.

우리는 귀하 신용의 어떤 일로 손해를 보는 것을 가장 꺼리고 있습니다. 따라서 귀하께 이 장부의 명세를 청산하도록 15일의 시간을 다시 드리겠습니다.

 生词、生句

1. 鉴于 〔jiànyú〕 ~을 감안하다, ~을 고려하다
2. 欠款 〔qiànkuǎn〕 돈을 빚지다, 빚
3. 猜想 〔cāixiǎng〕 추측하다, 헤아리다
4. 及早 〔jízǎo〕 미리, 빨리
5. 难于~ 〔nányú〕 ~하기 어렵다
6. 即使 〔jíshǐ〕 설령 ~할지라도
7. 损害 〔sǔnhài〕 손해를 입다
8. 挽回 〔wǎnhuí〕 만회하다, 회수하다

致尊敬的徐总经理

我们为了成为2018年的国际建筑行业的中心轴，有缘相遇。我们韩国ABC商社代表洪吉东。

通过中韩之间的交流，希望能够成为国际建筑行业的主轴。我非常重视缘分，以伦理的价值（义气、约束、相信、信赖）为基础，看好世界而活下去。现在我们要分享作为企业人的商道和伦理。

为了解决相互的问题以及成为相生企业，提问如下几个题问题：

1. 我们与贵公司签定业务合作协议。

目前为止（已有1个月）还未支付有关合同的合同金。

请回复有关的原因，是合同书上有问题还是产品上有问题，还是因为目前的公司情况，无法转移技术。

中间金和剩余金的支付日是经过相互协商可调整。

2. 访问贵司的日程已取消几次。

请明确确认中国访问的日程。

请于2018年5月30日前以E-mail回复。

존경하는 서 총경리님께

2018년 국제건설산업의 중심축을 이루고자 만남이 시작되었습니다. 저는 한국 ABC상사 대표 홍길동입니다.

앞으로의 한국, 중국 간의 교류로 국제건설산업의 큰 주축이 되기를 기원합니다. 저는 인연을 중요하게 생각하고 윤리의 가치(의리, 약속, 믿음, 신뢰)를 바탕으로 세상을 아름답게 살아가고 있습니다. 이제는 기업인과 사업(비즈니스)에 서로의 상도의 윤리를 나누고자 합니다.

서로의 문제점을 해결하고 상생기업을 이루고자 질의응답을 요청합니다.

1. 우리는 귀사와 업무 계약을 체결했습니다.

그러나 아직까지(1개월이 지났음) 계약 관련하여 계약금이 결제되지 않았습니다.

계약서 및 제품에 관한 문제점이 있는지 아니면 현재 재력이 안 되어 기술 이전이 불가능한지를 조속히 답변 부탁드립니다.

중도금, 잔금은 상호 협의하에 재조정이 가능하다고 말씀드립니다.

2. 중국 방문 일정이 몇 차례 취소되었습니다.

중국 방문 일정을 명확히 확인하여 주시기 바랍니다.

2018년 5월 30일까지 이메일로 답변을 부탁드립니다.

生词、生句

1. 中心轴 〔zhōng xīn zhóu〕 중심축
2. 有缘相遇 〔yǒuyuánxiāngyù〕 인연으로 만나다
3. 伦理 〔lúnlǐ〕 윤리학
4. 分享 〔fēnxiǎng〕 함께 나누다
5. 商道 〔shāngdào〕 상도
6. 合同金 〔hétongjīn〕 계약금
7. 中间金 〔zhōngjiānjīn〕 중도금
8. 剩余金 〔shèngyújīn〕 잔금

陈总经理收
你好!

对本次产品存在的质量问题, 我以公司的名义向你致以最诚挚的歉意, 如还有机会, 也非常希望您再给我机会, 我们一定保证以后提供的产品绝不会再出现类似的情况。

本次产品的质量问题, 在贵公司交货时间允许的情况下, 将品质问题货物退货并再弥补。

针对本次质量方面存在的问题, 我们从全方位调查过, 逐一与工厂长进行协商, 最终采取如下措施和方法, 以杜绝类似情况再发生:

1、装配方面, 严格控制生产制程, 保证产品质量, 做到每一工序做到定期抽查或分次全检, 做到产品质量万无一失。

2、其它方面希望陈总经理能再提宝贵意见, 对我方存在的不足, 请及时指正, 我方愿全力合作, 争取最大程度的满足客户的要求, 达到双赢。

谢谢!

진 총경리님께

안녕하십니까?

이번에 발생한 품질문제에 대해 회사를 대표하여 진심으로 사과드립니다. 만약 기회가 또 있다면 정말로 이후에 제공하는 제품은 다시는 이런 일이 발생하지 않도록 약속드립니다.

이번 품질문제는 귀사에서 납기가 허락되는 상황을 전제로 품질 문제가 발생한 물품을 전부 반품, 교환해드리겠습니다.

이번 문제에 대해 다각도로 조사해보고, 공장장과 상의도 해봤습니다. 최종적으로 다시는 이러한 일이 발생하지 않도록 조치를 취하였습니다.

1. 설비 방면에 엄격한 생산절차를 거쳐 품질을 보장하게 하며, 각각의 작업절차에서 정기적으로 샘플링 혹은 전체 검수를 하여, 한 치의 실수도 발생하지 않게 하겠습니다.

2. 기타 방면으로는 진 사장님이 계속 의견을 주시고, 지적해주시면 좋겠습니다. 저희는 전력을 다해 협조할 것이며, 최선을 다해 고객을 만족시켜, 윈윈이 되게 하겠습니다.

감사합니다.

 生词、生句

1. 诚挚 〔chéngzhì〕 성실하고 진실하다
2. 歉意 〔qiànyì〕 미안한 마음
3. 弥补 〔míbǔ〕 메우다, 보충하다
4. 逐一 〔zhúyī〕 일일이, 하나하나
5. 杜绝 〔dùjué〕 제지하다, 철저히 막다
6. 制程 〔zhìchéng〕 제조공정
7. 抽查 〔chōuchá〕 추출하여 검사하다
8. 万无一失 〔wànwúyìshī〕 한 치의 착오도 없다.
9. 指正 〔zhǐzhèng〕 잘못을 지적하여 바로잡다

즉석에서 바로바로 활용하는

일상생활 중국어 첫걸음

FL4U컨텐츠 저 | 170*233mm | 316쪽 | 14,000원(mp3 CD 포함)

처음부터 다시 시작하는

일상생활 매일 중국어 365

최진권 저 | 128*188mm | 416쪽 | 14,000원(mp3 파일 무료 제공)

가장 알기 쉽게 배우는

바로바로 중국어 독학 단어장

서지위, 장현애 저 | 128*188mm | 324쪽 | 14,000원(본문 mp3 파일 무료 제공)